KLAUS D. LECIEJEWSKI

Mit über 100 Fotografien von Jitsy Santana Gómez

W0349065

KUBA

151

CON
BOOK.

INHALT

VORWORT

Kuba ist der weltweit einzige original sozialistische Staat. China oder Vietnam basieren wirtschaftlich auf kapitalistischen Strukturen, Nordkorea entzieht sich rationalen Charakterisierungen. Zahlreiche Momentaufnahmen aus Kuba müssen sich deshalb von denen anderer Länder unterscheiden. Kuba ist das wichtigste Reiseziel in der Karibik. Etwa 40 neue Hotels und Resorts sind im Bau, um den Strom der Touristen aufzunehmen. Den größten Zuwachs machen jedoch die Kreuzfahrtschiffe aus. Dafür werden in Havanna, in Cienfuegos und in Santiago die Terminals erweitert. Außerdem sind erstmalig auch neue Golfplätze geplant.

Trotz anhaltend hoher Touristenzahlen wird Kuba keine überlaufene Insel werden. Auf Jahrzehnte hinaus wird es weiterhin über einsame Strände, verschwiegene Bergwelten und wenig besuchte Architekturschönheiten verfügen.

Das Buch soll den Besucher neugierig auf Kuba machen, ihn informieren und in ihm kubanische Stimmung aufkommen lassen.

Im Text wird das grammatikalische Geschlecht nicht automatisch mit seinem natürlichen identifiziert. Beispielsweise wird durchgehend die übliche Form »Kubaner« verwendet, in die Kubanerinnen und Kubaner eingeschlossen sind. Andernfalls würden fast alle Texte unleserlich aufgebläht sein.

Bei Drucklegung konnte nicht garantiert werden, ob alle hier angeführten Museen oder Sehenswürdigkeiten auch geöffnet haben. In solchen Belangen sind die kubanischen Behörden recht variabel.

19Y B
Bauernmarkt

Der beste Bauernmarkt Kubas befindet sich im Stadtviertel Vedado von Havanna, wo früher in zahlreichen Villen die Wohlhabenden wohnten. Er weist das größte Angebot auf und ist zugleich auch der teuerste.

Die Bauernmärkte (spanisch: Mercado Agroprecuario, einfach »Agro« genannt) sind die wichtigste Versorgungsquelle der Kubaner mit Obst und Gemüse. In den normalen Geschäften oder in den wenigen Super Mercado (Supermarkt) werden frisches Obst und Gemüse nicht verkauft. Die Bauernmärkte sind staatlich, d. h. sie werden von staatlichen Verwaltern betrieben, aber die Verkäufer hinter den Ständen arbeiten auf private Rechnung. Zahlreiche ihrer Produkte beziehen sie nicht aus dem staatlichen Verteilungssystem, sondern von privaten Bauern. Die Verkäufer auf dem Markt in der 19. Straße, Ecke B-Straße kaufen ihr gesamtes Obst, das Gemüse, die Salate und die Gewürze von kleinen Bauernwirtschaften, den Fincas. Hier gibt es im Frühjahr die ersten Mameys oder Avocados und wenn die kühlere Jahreszeit beginnt auch noch Mangos oder Ananas.

Der Trick: Händler kommen zu diesem Markt aus dem 1.000 km entfernten Santiago, wo der kubanische Frühling früher als in Havanna beginnt und die kühlere Jahreszeit später einsetzt. Das hat seinen Preis! Kühlhäuser sind in Kuba unbekannt, und Lagerhäuser gibt es kaum. Bezogen auf das Angebot ist dieser Markt eine Rarität, selbst in Havanna, deshalb werden Touristengruppen durch ihn geschleust, was aber nicht heißt, dass er mit westeuropäischen Markthallen zu vergleichen wäre. Seine Ausstattung entspricht der aller anderen kubanischen Bauernmärkte, echt gruftig. Allerdings verfügt er über eine kubanische Besonderheit. Tief hinten in einer Ecke steht eine staatlich geeichte Digitalwaage. Kubaner benutzen diese aber nicht. Sie wollen vom Händler auch beim nächsten Einkauf freundlich behandelt werden. Nur die Ausländer sind unverschämt, sie wiegen nach.

Le Atiende
Yany
Pimiento
Berenjena
Guayaba
Pepino
Col
Remolacha
Rabano
Ciruela
Mamey
Cebolla (Pete)
Pimiento
Precio: 6
Guayaba
Precio: 8
Libra
Libra
Tomate
15
Libra

31 DE DECIEMBRE

Kubanischer Silvester

Der einzige richtige Feiertag für die ganze kubanische Familie, deshalb wird zu Hause gefeiert. Im Vordergrund steht das größte Essen des gesamten Jahres, mit viel Rum und unentwegt mit Musik.

Auch in Kuba ist der letzte Tag des Jahres kein offizieller Feiertag, wenn überhaupt, so wird höchstens bis Mittag gearbeitet. Wie bei uns ist nur der erste Tag des Jahres ein staatlicher Feiertag. In Kuba wird aber nicht das Neue Jahr gefeiert, sondern der Tag des Sieges der Revolution, den jedoch die allermeisten Kubaner gemütlich verschlafen. Die Vorbereitungen auf das Essen beginnen tagelang vorher. Vor allem muss Schweinefleisch besorgt werden, wenigstens eine Keule, besser ein halbes Schwein und bei genügend Geld am besten ein kleines Schwein, das über einem offenen Feuer gegrillt wird. Dazu gibt es Moros y Cristianos, Yuca (# 148), frittierte Bananen, Tomaten und einfach alles, was gerade auf den Märkten zu haben ist.

Die gesamte Familie kommt zusammen, es wird hemmungslos geschlemmt. Bereits am Nachmittag wird die Musik voll aufgedreht und unentwegt getanzt, auch (noch) ohne Alkohol. Nach Mitternacht kommen Freunde und es gibt ein von den Frauen zubereitetes süßes, in Öl frittiertes und zu einer Brezel geformtes Gebäck, die Buñuelos. Um Mitternacht treffen sich alle Bewohner auf der Straße, gratulieren und herzen sich ab. Vielerorts ist noch ein alter Brauch vorhanden. Aus dem Hauseingang oder vom Balkon herunter wird ein Eimer mit Wasser ausgegossen, alles Schlechte des alten Jahres soll hinweggeschwemmt werden. Feuerwerkskörper sind verboten, trotzdem werden immer öfters auch in Kuba die glücksbringenden Sterne in den Himmel gejagt.

MERRY
CHRISTMAS!
OPEN

ALEJO CARPENTIER
Karibische Geister und Wunder

Er ist der berühmteste kubanische Schriftsteller, dem, wie so vielen kubanischen Literaten, seine Heimaterde zu schwer wurde.

Auf etlichen Gebieten hat Kuba weltberühmte Persönlichkeiten hervorgebracht. Einen Schachweltmeister (Raúl Capablanca), eine international gerühmte Ballerina (Alicia Alonso), einen grandiosen Maler (Wifredo Lam, # 150) und einen Romancier von Weltgeltung. In hohem Alter wurde Alejo Carpentier mit dem wichtigsten Literaturpreis der spanischsprachigen Welt geehrt, dem Cervantes-Preis. Da lebte er aber nicht mehr in Kuba, sondern in Paris. Überhaupt hat er die größte Zeit seines Lebens außerhalb Kubas verbracht, zumeist auf der Flucht vor den Diktatoren seines Heimatlandes. Sein wichtigstes Buch spielt nicht auf Kuba, sondern in Haiti während der Zeit des einzig siegreichen Sklavenaufstandes: *Das Reich von dieser Welt.* Es ist ein wunderbares und faszinierendes Buch, weil in ihm Mysterien lebendig werden. Vor Ihrem Kuba-Aufenthalt sollten Sie dieses schmale Buch in die Hand nehmen und in die karibische Wunderwelt eintauchen. Zum Verständnis des alten Havannas ist sein Büchlein über diese Stadt unentbehrlich. Er hat auch Romane und Beschreibungen über Kuba verfasst, zugleich auch über Musik, und er hatte engen Kontakt zu den französischen Surrealisten. Immer sind seine Bücher voller Wunder, gleich ob märchenhaft oder anstrengend. Nun ist ihm in Havanna endlich ein Museum gewidmet worden.

CUBA
CORREOS
2004
65
(1904 - 2004)
Alejo Carpentier
CENTENARIO DE SU NATALICIO

ALEXANDER VON HUMBOLDT

Ein Preuße als kubanischer Nationalheld

Von der preußischen Hauptstadt Berlin aus reist ein adliger Naturforscher in die neue Welt und entdeckt Kuba für die Kubaner und für Europa.

Kaum eine kubanische Stadt ohne eine Straße oder ohne einen Platz, der nicht nach Humboldt benannt wäre. Der größte Nationalpark Kubas trägt den offiziellen Namen »Parque Nacional Alejandro de Humboldt«. Wie kein zweiter Ausländer ist Humboldt in Kuba allgegenwärtig. Er war der erste Nichtspanier, der sich intensiv mit Kuba beschäftigte. Er schrieb über Kuba auf Deutsch und war damals preußischer Untertan, und er war stolz darauf. Als Naturforscher bereiste er Mittel- und Südamerika, dabei war er zwischen 1799 und 1804 auch dreimal auf Kuba. Zurück in Berlin veröffentlichte er eine Schrift über seine Beobachtungen zur kubanischen Natur und zur kubanischen Gesellschaft. Voller Begeisterung beschrieb er die Geografie sowie die Pflanzen- und Tierwelt Kubas. Für die Kubaner war dabei entscheidend, dass er die Besonderheiten Kubas gegenüber den anderen lateinamerikanischen Ländern herausstellte. Das gefiel den Kubanern. Eindeutig geißelte er die Sklaverei auf Kuba. Die Kubaner lernten durch Humboldt ihre eigene Insel besser kennen, deshalb verehren sie ihn bis heute wie keinen anderen Fremden. Seine Schriften über Kuba trugen zur Entstehung eines eigenen – von Spanien unabhängigen – Nationalbewusstseins bei. In Havanna gibt es ein kleines Museum dafür. Für die Anerkennung, die Deutschland heute in Kuba genießt, hat vor zweihundert Jahren ein deutscher Naturforscher die Grundlage gelegt. Deutschsprachige Besucher Kubas können stolz auf einen ihrer Vorfahren sein.

5

ALL-INCLUSIVE

Nicht so ganz wie überall

Mit Ausnahme der Stadthotels sind auf Kuba alle Tourismushotels »all-inclusive«, das hat seine Vor- und Nachteile. Luxushotels mit westlichem Standard gibt es nicht.

Sämtliche Hotels auf Kuba gehören dem Staat. Die meisten davon werden allerdings von spanischen Hotelketten betrieben, einige auch von einer kanadischen und inzwischen sogar auch von einer thailändischen Kette. Fast immer gibt es zwei Direktoren, einen westlichen für den Hotelbetrieb und einen kubanischen für die Sicherheit. Beide bekommen die Gäste aber höchst selten zu Gesicht, zudem wechseln sie häufig. Das trägt dazu bei, dass die kubanischen Hotels wenig Persönlichkeit ausstrahlen. Ähnlich wie in zahlreichen anderen Ländern sind die Hotels an den großen Stränden wie Resorts gestaltet. Die Gäste tragen bunte Plastikbändchen, und ihr Hotel, einschließlich des Strandes, ist von der Außenwelt abgeschirmt. Allerdings unterscheiden sich die kubanischen All-inclusive-Hotels in einigen Belangen von denen anderer Länder. Die Buffets sind gewaltiger, aber weniger abwechslungsreich, die Küche ist unerfahrener, der Service ist nachlässiger und die Auswahl geringer – jedenfalls zumeist, aber die Unterhaltung ist dafür exotischer. Fast alle Hotels enthalten auch sogenannte Spezialitätenrestaurants: italienische, französische, japanische, mexikanische und sogar auch kubanische. Doch Vorsicht: Originale Speisen können Sie dort kaum erwarten, aber die Bedienung ist mächtig stolz auf ihre Internationalität.

Playa Esmeralda, Hotel Paradisus Río de Oro

ARCHIPIÉLAGO DE LOS JARDINES DE LA REINA

Weltbestes und abgeschirmtes Tauchrevier

Ein Paradies unter Wasser, unberührte Korallenriffe, exotische Fische und manchmal neugierige Taucher.

Um die gesamte Küste Kubas herum ziehen sich Riffe. Fast jedes Riff ist ein exzellentes Tauchrevier, und überall kann bequem geschnorchelt werden. Allerdings sind die Bootstouren zu den Tauchrevieren ausschließlich den westlichen Besuchern vorbehalten. Die kubanische Regierung traut ihren eigenen Bürgern nicht über den Weg bzw. über das Wasser. Ein Tauchrevier darunter ist das fabelhafteste. Für professionelle Bergsteiger gibt es nur ein Himalayagebirge. Für den in allen Meeren erfahrenen Taucher gibt es nur eine »Jardines de la Reina« (Gärten der Königin). Mit seiner Ausdehnung von 240 km gehört dieses Korallenriff zu den weltweit größten. Unter allen berühmten Korallenriffen der gesamten Karibik ist es das unberührteste mit der prachtvollsten Unterwassernatur. Knapp über der Wasseroberfläche liegen etwa 600 Koralleneilande. Das Riff und die Inselchen befinden sich ca. 50 km vor der Südküste Kubas, sie gehören zu den Provinzen Ciego de Ávila und Camagüey.

In den 60er Jahren wurde es für die nächsten Jahrzehnte militärisches Sperrgebiet. Auf dem westlichsten Riff und auf einem in der Mitte befinden sich zwei Leuchttürme. Seit dem Aufschwung des Tourismus hat die Regierung erkannt, dass sich auch mit einem Naturwunder in ihren Sperrgebieten Geld verdienen lässt, und so vergibt die Regierung Tauchlizenzen, allerdings sollen es jedes Jahr nur einige Hundert sein. Von der Küste aus fährt ein Hotelboot die Taucher zum Riff. Was sie dort zu sehen bekommen, können die anderen Touristen lediglich in Videos und Werbefilmen bestaunen. An der Ostküste liegt ebenfalls ein Tauchrevier, die »Jardines del Rey« (Gärten des Königs), allerdings mit größeren Inseln, von denen etliche bereits touristisch erschlossen sind.

7

ARREGLANDO EL CARRO EN LA CALLE

Autoreparatur auf der Straße

Der Kubaner ist unkompliziert, bleibt sein Auto mal rein zufällig stehen, holt er seine Werkzeugkiste aus dem Kofferraum und legt sich unter den Wagen.

Die Autoreparatur direkt auf der Straße ist in Kuba eine so alltägliche Angelegenheit, dass sie zu den typischen Merkmalen des Landes gehört. Fährt der Besucher durch das Land, insbesondere aber durch Havanna, kann er täglich die ungemein praktische Seite der Kubaner erleben. Ich erlebe sie sogar mehrmals täglich. Das Auto wird direkt auf der linken Spur repariert, der Oberkörper unter dem Wagen, die Beine auf der rechten Spur. Sehr beliebt ist die Reparatur unmittelbar vor einer Kreuzung, zwei Steigerungen sind dann direkt auf der Kreuzung oder im Scheitelpunkt einer Kurve. Sie vermuten, dies sei eine Übertreibung? Weit gefehlt! Ist der Autofahrer umsichtig, nimmt er seine Machete aus dem Wagen, schlägt einen grünen Ast vom Baum und positioniert diesen fünf Meter hinter seinem Gefährt. Warndreiecke sind rar und teuer, außerdem würden sie sofort geklaut werden, wenn der Fahrer unter dem Auto schraubt.

Zwar gibt es Abschleppwagen, aber der Service ist teuer, und es gibt viel zu wenige. Selbst bei liegengebliebenen Bussen wird zuerst am Straßenrand versucht, diese wieder »fahrbar zu schrauben«. Warum sollte ein Kubaner seinen Lada abschleppen lassen, wenn nur ein Vorderrad abgebrochen ist, das er in einer Stunde selber wieder anmontieren kann, weil er dies bereits schon öfters vornehmen musste? Allerdings stehen die Schrottkisten selten länger als einen halben Tag auf der Straße. Im Verkehr bekämpfen kubanische Autofahrer sich, in der Not helfen sie einander. Ich könnte ein ganzes Fotobuch mit Aufnahmen von Reparaturen am Straßenrand zusammenstellen.

P 182 191
P 072 690

AURA TIÑOSA

Schwarze Geier

Geier sind die größten Vögel, denen Besucher auf Kuba nahekommen können, doch außer Angst einjagen tun sie nichts, wenn sie nur nicht so schrecklich langsam auffliegen würden.

Sie haben einen roten Kopf mit einem kräftigen, krummen Schnabel, einen langen, nackten Hals und schwarze Federn. Sie sehen aus wie die Todesvögel aus den alten Märchen und sind doch völlig harmlos. Immer wieder wird behauptet, die kubanischen Geier wären am Aussterben, und jedes Mal, wenn ich dies lese, sehe ich am nächsten Tag auf der Straße direkt vor mir einen ganzen Schwarm von ihnen. Solange die streunenden kubanischen Hunde und Katzen herrenlos bleiben und solange die kubanischen Autobesitzer mit Krawall über die Straßen brettern, werden die Geier

Kubas ein gesichertes Leben genießen können und die Touristen sich vor ihnen erschrecken. Sogar um das höchste Wohngebäude Havannas, das Focsa-Haus, schweben sie herum. Wahrscheinlich verenden auch auf den kleineren Hochhäusern so etliche Hunde und Katzen. Anders als so manche Möwe an deutschen Stränden haben die kubanischen Geier Angst vor Menschen, trotzdem erheben sie sich nur gemächlich in die Lüfte. Sie haben auch ihren Stolz, eben den typischen Geierstolz. Eigentlich hätte nicht der bunte Tocororo der Wappenvogel Kubas sein dürfen, denn den bekommt kaum einer jemals zu Gesicht, sondern diese großen, kräftigen und überall anzutreffenden Geier. Aber wer will schon stolz auf so ein hässliches Vieh sein? Dennoch zücken die Besucher Kubas ihre Smartphones oder Kameras.

AUTOPISTA A1

Zum Glück nur 600 Kilometer

Kubas einzige Autobahn ist fünfunddreißig Jahre alt und immer noch funktionstüchtig, sie ist zwar ungewöhnlich konstruiert und streckenweise arg mit Löchern übersät, jedoch bequem zu fahren und einfach zu wenden.

Von 1980 bis 1990 bezahlte die Sowjetunion den Bau eines der kubanischen Prestigeprojekte. Längs über die ganze Insel sollte sie führen, und mit einigen kleineren Abzweigungen etwa 1.500 km betragen. Dann zerbrach die Sowjetunion und Kuba musste versuchen, auf eigenen Beinen zu stehen. Dazu zählte nicht die Fertigstellung einer Autobahn. Sie beginnt im Westen bei Pinar del Río, geht über Havanna und endet nahe der Provinzhauptstadt Sancti Spiritus. Zusätzlich sind noch zwei kleinere Teilstücke bei Santiago und Guantánamo im Osten vorhanden. Eines davon endet direkt in einem Zuckerrohrfeld. Bis auf den weit-

gehend geschlossenen Ring um Havanna blieb sie ein Rudiment. Es ist bekannt, dass sowjetische Ingenieure keine modernen Straßen gebaut haben. Das ist auch an dieser Autobahn erkennbar: Kurios konstruierte Auf- und Ausfahrten, selbst bei mittlerem Regen bedeckte Fahrspuren, keine Standstreifen, keine Leitplanken, etliche Landstraßen führen ampellos direkt darüber hinweg, über den grünen Mittelstreifen kann problemlos gewendet werden. Für den westlichen Autofahrer ist diese Autobahn jedoch ein Traum: Er begegnet kaum anderen Autofahrern, nur gelegentlich Pferdefuhrwerken und Ochsengespannen sowie Fahrradfahrern – gern auch aus der Gegenrichtung – und weniger Löchern als auf den anderen Straßen, ringsherum einer grünen Landschaft, allerdings auch selten Tankstellen und Raststätten, doch er kann fahren, fahren, fahren – wie sonst nirgendwo auf Kuba. Zudem ist es ausgeschlossen, dass im sozialistischen Kuba jemals an der einzigen Autobahn weitergebaut wird. Die Umweltschützer wird es freuen.

AZÚCAR

Zucker für die Welt

Einstmals hatte der Zucker Kuba reich gemacht. Jetzt wird auf der früheren Zuckerinsel der Welt der Zucker knapp.

Früher gehörten die Begriffe »Kuba« und »Zucker« wie ein Zwillingspaar zusammen. Das Zuckerrohr stammt ursprünglich nicht von den karibischen Inseln, obgleich es einige von ihnen reich gemacht hat. Seine Heimat ist Asien. Von dort aus gelangte es mit spanischen Schiffen zu den Kanarischen Inseln, von wo aus es die Spanier in die Karibik brachten. Erst dort fand es ideale klimatische Bedingungen vor. Vor allem französische Kolonialisten kultivierten es. Ihre Kolonie Haiti war im 18. Jahrhundert die Zuckerinsel der Welt. Als der Sklavenaufstand drohte, alle Weißen Haitis auszurotten, setzten einige Tausend von ihnen nach Kuba über, mit den Sklaven, den Geräten und ihrem Wissen. Zwanzig Jahre später war Kuba die Zuckerinsel der Welt und blieb es für fast 150 Jahre. Die Revolution führte zur Enteignung des gesamten Großgrundbesitzes, einschließlich der

mittleren Flächengrößen. Darunter befand sich der gesamte Anbau von Zuckerrohr, seine Verarbeitung zu Zucker in den Fabriken sowie auch zu Rum. Die Zuckerproduktion brach dramatisch ein. Mit Hilfe sowjetischer Erntemaschinen und Fabriken aus der DDR konnte in den 70ern und 80ern die Produktion stabilisiert werden, aber mit dem Ende der Sowjetunion gingen auch die einst glorreichen Zeiten kubanischen Zuckers zu Ende. Heute liegt die kubanische Zuckerproduktion am Boden, sodass zeitweilig sogar Zucker aus Frankreich und Spanien importiert werden muss. Allerdings sind bei Fahrten durch das Land immer noch weite Zuckerrohrfelder zu sehen. Veraltete Erntemaschinen und marode Zuckerfabriken würden hohe Investitionen erfordern, die der Staat nicht aufbringen kann. Er hat resigniert und den einstigen Reichtum der Insel aufgegeben. Wenn Sie sich an einem Zuckerrohrfeld eine Fahrtpause gönnen, werden Sie von einem milden süßen Wind gefangen genommen.

Zuckerrohr in voller Blüte

BACARDÍ

Ein Weltunternehmen aus Kuba

Bacardí und Havana Club sind die bekanntesten Rummarken. Bacardí hatte seine Heimat in Kuba, Havana Club immer noch.

Der spanische Einwanderer Facundo Bacardí gründete 1862 in Santiago de Cuba eine Rumdestillerie. Das war zur damaligen Zeit nichts Besonderes, aber als er wenige Jahre später den weißen Rum erfand, womit prächtige Cocktails gemixt werden konnten, begann der Aufstieg der Bacardís zu einem Weltkonzern. Der Legende nach sollen im Gebälk der ersten Destillerie Fledermäuse gehaust haben, auch nichts Besonderes auf Kuba, aber seitdem ist die Fledermaus das Firmenlogo des Bacardí-Konzerns. In Santiago finanzierten sie 1899 das erste Museum Kubas und einen Tivoli-Vergnügungspark, in Havanna ließen sie 1930 das prächtigste Art-déco-Gebäude der Welt erbauen.

Ende 1960 enteignete die Regierung entschädigungslos die Familie, zusammen mit den anderen 380 größten Privatunternehmen. Die Bacardís hatten jedoch kurz zuvor ihren Firmensitz weitsichtig auf die Bahamas verlagert, einschließlich der Markenrechte. Demgegenüber verfügte der Besitzer der ebenfalls enteigneten alten Marke »Havana Club« über keine internationalen Markenrechte. Deshalb wurde »Havana Club« zur kubanischen Rum-Vorzeigemarke. Als Kuba in Devisennot geriet, verkaufte Fidel Castro 1993 50 Prozent davon an den französischen Konzern »Pernod-Ricard«, heute die Nummer zwei unter den weltweit größten Spirituosenproduzenten. Der Bacardí-Konzern ist die Nummer drei. Er ist einer von drei Weltkonzernen, die aus Kuba hervorgegangen sind. Die beiden anderen sind die zu 50 Prozent in britischem Besitz befindliche Habanos s.a. als weltweit größtes Premium-Zigarrenunternehmen und das kubastämmige Fanjul-Unternehmen (in den USA) als weltweit größter Zuckerproduzent.

»Bacardí-Haus« in der Avenida Bélgica (Monserrate) N. 261

12

BARACOA

Kakao, Kaffee und rote Bananen

Die erste Stadt und die abgelegenste, aber zugleich die Stadt mit dem größten Reichtum an Natur. Eine tropische »Insel« auf einer Insel.

Hier war schon Kolumbus gelandet, dann bauten die Spanier eine kleine Siedlung, machten sie für kurze Zeit zur Hauptstadt und vergaßen den Ort wieder. Allerdings blieben die Bewohner und innerhalb von fünf Jahrhunderten machten sie ihre Stadt zum Zentrum der reichhaltigsten Naturlandschaft Kubas. Nur hier gedeihen in Plantagen die kubanischen Kakaobohnen, die von exzellenter Qualität sind, aber in einer uralten DDR-Fabrik miserabel verarbeitet werden. Über den Kakaobäumen erheben sich die Kronen von Kokospalmen, nur hier wird Palmöl erzeugt. An den Berghängen wachsen Kaffeesträucher, von ebenfalls überdurchschnittlicher Qualität, und nur hier hängen an den Bananenpflanzen Stauden mit den kleinen und einzigartigen süßen roten Bananen.

Im Gebirge hinter der Stadt liegt der größte und am wenigsten erschlossene Nationalpark Kubas, der Humboldt Park, und an seiner nördlichen Seite die eindrucksvollste Flussbucht Kubas, die Mündung des Toa in den Atlantik. So viele Superlative, und so schwer, sie zu erreichen. Der einfachste Weg wäre der mit dem Flugzeug, wenn eines fliegt, Kuba hat zu wenige Flugzeuge. Der zweite Weg wäre über das Wasser, wenn ein Boot zu finden wäre. Der dritte wäre über die inzwischen teilweise ausgebesserte Straße von Moa aus, wenn ein Jeep zur Verfügung stehen würde. Der vierte Weg ist phantastisch. Die einzige jemals nach der Revolution ordnungsgemäß gebaute Straße heißt »La Farola«. Sie beginnt im Örtchen Cajababo und führt über 55 km in zahlreichen Serpentinen die Berge hinauf und zur Küste wieder hinunter. Als Straße ist sie das größte Naturerlebnis Kubas.

13

BASUREROS

Müll, die hässliche Seite Kubas

Müll ist kein angenehmes Thema im Urlaub. Auch in Kuba entsteht täglich überall Abfall, aber unangenehme Dinge schieben Kubaner am liebsten einfach beiseite.

Wahrscheinlich kennen Sie schreckliche Bilder von Deponien außerhalb Europas, mit im Müll wühlenden verwahrlosten Kindern. Ein Foto von einer kubanischen Deponie haben Sie aber sicherlich noch nicht gesehen. Dafür sorgt die kubanische Polizei, und welcher Tourist will sich im Urlaub schon um unangenehme Dinge kümmern. Über kubanische Deponien gäbe es nur Grausamkeiten zu berichten. Der Müll Havannas landet an seiner Stadtgrenze auf zwei Deponien, ohne Trennung, ohne Aufbereitung und ohne Absicherung zum Grundwasser. Die Abwässer von zwei Millionen Menschen werden über lange Rohre in das Meer geleitet oder über kleine Flüsse direkt an die Küste Havannas.

An den Stadträndern befinden sich ebenfalls Deponien, oft in der Wildnis. Jeden Tag laden dort Pferdefuhrwerke oder Traktoren den eingesammelten Abfall ab. Allerdings werden diese gelegentlich mit Petroleum übergossen und angezündet, sodass wenigstens kein Ungeziefer überleben kann. Um die Dörfer herum befinden sich nur wilde Deponien. Ein Trost für die Touristen: Der Müll der großen Touristenresorts wird aufbereitet und ebenso das Abwasser. Weder Gestank noch Gewissensbisse sollen den Touristen plagen. Internationale Umweltschützer sind bis zu den kubanischen Deponien noch nicht vorgedrungen.

BÉISBOL
Nationalsport

Baseball ist typisch amerikanisch, er hat überhaupt nichts mit Spanien zu tun, und es gibt ihn erst seit 120 Jahren, aber die Kubaner lieben ihren Béisbol über alles.

Falls Sie die Regeln eines Baseball-Spieles verstehen sollten, besitzen Sie wahrscheinlich ein Kuba-Gen. Dann könnten Sie stundenlang in einem der zahlreichen Baseball-Stadien auf hartem Beton sitzen, verbrannte Hühnerteile verschmausen oder sich vor dem Fernsehen von nachmittags bis weit in den Abend hinein die Übertragungen der Spiele der kubanischen Liga anschauen, einschließlich die der amerikanischen. Für alle Nichtkenner darf ich hier jedoch eines verraten: Es ist mühselig! Wollen Sie aber erleben, wie Kubaner über etwas für uns Westeuropäer völlig Unverständliches in Ekstase geraten, sollten Sie sich unbedingt ein Baseball-Spiel gönnen. Die Fußballregeln sind einfach; um die Regeln des Baseball zu verstehen, ist jedoch kubanische Intelligenz erforderlich, behaupten die Kubaner. Nach einem guten Dutzend erlebter Baseballspiele scheint mir etwas dran zu sein. Sobald ein kubanisches Kind laufen und einen Holzknüppel halten kann, spielt es Baseball, auch die Mädchen. Hier schon mal die drei wichtigsten Regeln: Nie den Fuß benutzen. Immer schön ruhig stehenbleiben. Ab und an den Knüppel wutentbrannt auf den Rasen schleudern. Haben Sie jetzt alles verstanden? Bitte vergessen Sie bei ihrem Kuba-Besuch eines nicht: Der Fußball hat es noch nicht bis hierher geschafft! Ein früherer Kölner Regierungspräsident hatte einmal die kubanische Fußball-Nationalmannschaft nach Deutschland geholt. Sie sind alle dageblieben. Wahrscheinlich bringen sie immer noch den Deutschen die Baseball-Regeln bei.

BESOS

Küsschen rechts und links

Das Wichtigste bei einer kubanischen Begrüßung und Verabschiedung sind die Küsse, und laut müssen sie sein, schließlich soll jeder die gegenseitige Verehrung nicht nur sehen, sondern auch hören.

Die Abknutscherei in Kuba kann auf die Dauer ganz schön nerven. Statt sich einfach die Tageszeit zu nennen und sich kurz die Hände zu schütteln, halten in Kuba sowohl Frauen als auch Männer die Wangen hin, und ein Schmatzlaut erklingt, bei guten Freunden wird auch richtig auf die Wange geküsst, gegenseitig. Die Westler mit ihrer vornehmen Zurückhaltung benötigen dafür anfangs eine gewisse Gewöhnungsphase, und auch danach haben sie immer noch Berührungsängste. Kubaner gehen direkter miteinander um, auch forscher und viel, viel ungezwungener als wir Besucher. Herzlichkeit ist in Kuba nicht Theorie, sondern wird täglich praktiziert. Auch der Minister schmatzt vor laufender Kamera einfache Arbeiterinnen ab. Männer sind untereinander nicht ganz so stürmisch, aber bei Freunden vollzieht sich dasselbe Ritual bei der Begrüßung und bei der Verabschiedung.

Kubaner kennen ihre Westler. Sie drängen nicht sogleich auf den wechselseitigen Kuss, sondern geben uns Zeit, erst einmal darüber nachzudenken. Insgesamt ist der Umgang miteinander locker. Die völlig unbekannte Verkäuferin wird zwanglos als »Mi amor« (Meine Liebe) bezeichnet; bei dem fremden Mann, der auf der Straße den Weg erklärt, bedankt man sich mit »Gracias hermano« (Danke Bruder); und wenn man von einer Behördendame etwas erreichen will, lässt man im Gespräch gelegentlich einfließen »Mi cielo« (Mein Himmelchen). Kubaner sind in erster Linie liebenswert!

BICITAXI

Stramme Jungs

Das Fahrradtaxi wird in Europa zumeist für Touristen eingesetzt. In den engen Straßen der kubanischen Innenstädte ist es ein gängiges Transportmittel.

Die kubanischen Fahrradrikschas sehen abenteuerlich aus: sämtlichst Marke Eigenbau, selten Beleuchtung, Polsterung ist unnützer Luxus. Bemalung? »Was wissen die Ausländer schon von unserem Leben!« Sie wissen nicht, dass Farben in Kuba knapp und teuer sind, dass es keine Fahrradmanufakturen gibt, dass jeder Bruch einer Gabel eine mittlere Katastrophe bedeutet, weil Fahrradgabeln noch seltener als nur Mangelware sind und ihr Schweißen einen guten Freund erfordert. Trotzdem verdienen auch in kleinen Städten die Taxi-Fahrradfahrer (Rikscha) mehr als den kubanischen Durchschnittslohn, und in den touristischen Zen-

tren gehören sie mit ihren CUC-Einnahmen zu den Bessergestellten. Auf der Rückbank ihrer Drahtesel können sie drei Dünne oder zwei Dicke oder einen richtig Dicken und einen ganz Dünnen befördern. Dafür brauchen sie kräftige Waden und nicht selten auch die Rücksicht der Fußgänger. Die der Motorräder oder der Autofahrer haben sie nicht. Auch nicht die der Polizei, weil sie eine staatliche Lizenz benötigen und leichter zu kontrollieren sind als Motorradfahrer und immer Bargeld dabei haben. Für Kubaner sind sie ein normales Transportmittel. Hat ein Tourist es jedoch eilig und er versteht nicht zu verhandeln, dann sind die kubanischen Fahrradfahrer – wie ihre Kollegen in aller Welt – gnadenlos. Für 500 Meter müssen dann 5 CUC hingeblättert werden, so viel wie für eine Fünf-Kilometer-Fahrt in einem normalen Taxi.

BIRÁN

Fidels Geburtshaus

Jahrzehntelang war die Zufahrtstraße zu dem Anwesen der Familie von Fidel Castro streng abgesperrt. Erst vor einigen Jahren wurden die übriggebliebenen Häuschen restauriert und zum Nationaldenkmal erklärt.

Von Fidel Castro gibt es auf Kuba kein Monument, Straßen sind auch nicht nach ihm benannt. Er war sich sicher, größer als diese Nebensächlichkeiten zu sein. Mit einer Ausnahme, die jedoch auch nur durch die Initiative seines Bruders Raúl entstanden ist. Im Osten Kubas, etwa in der Mitte der Straße von Holguín nach Santiago, zweigt eine Schotterstraße ab. An ihrem Ende (ca. 20 km) liegt eine lockere Ansammlung von Häusern, die als Birán bezeichnet werden, und an deren Ende befindet sich die »Finca Mañacas«. Um die Häuser herum erstrecken sich weite Zuckerrohrfelder, seitlich windet sich ein Flüsschen und am Horizont blinkt ein kleiner Gebirgszug. Mit unserem heutigen Naturverständnis kann man die Gegend durchaus als idyllisch bezeichnen. Zur Zeit der Geburt Fidel Castros wird es am Rande der Welt gewesen sein, von Hinterwäldlern bewohnt. Genauso sehen auch die Häuser aus. Die ersten Hütten am Eingang waren für die Landarbeiter, gebaut wie die Hütten der Ureinwohner, mit den Materialien, die die Palmen der Umgebung zur Verfügung stellten. Dann folgen fünf Häuser aus Holz, bei einigen ist unklar, ob sie auch schon zur Geburtszeit der Castro-Brüder dort standen. Ställe für Haustiere und Schuppen für landwirtschaftliche Geräte fehlen völlig. Einige Häuser sind auf Stelzen gebaut, so auch das Geburtshaus, unter dem ein Ford Tin Lizzie von 1918 steht, den bis zuletzt noch die Mutter benutzt haben soll. Die Einrichtung der Häuser ist ziemlich bescheiden, und zwischen den einfach zusammengenagelten Brettern wird des Nachts der Mond hindurchgelugt haben. Das sah damals in Kuba nicht nach Reichtum aus. Die gesamte gegenwärtige Aufbereitung hat überhaupt nichts mit einem modern gestalteten Museum zu tun. Birán ist eine Enttäuschung oder auch eine Erleuchtung über die um Fidel gewobenen Legenden.

BODEGA

Kubanische Grundversorgung

Über ganz Kuba hinweg, bis in das mickrigste Dorf hinein, sind Zigtausende von kleinen Verkaufsbuden aus Beton verteilt, in Wohnhäusern befinden sich auch abgetrennte Verkaufsräume dafür. Seit 57 Jahren kaufen darin die Kubaner über ein Rationierungssystem die Produkte ihrer Grundversorgung ein.

Manchmal fragen mich westliche Besucher, was denn nun der kubanische Sozialismus sei. Als Antwort führe ich sie in eine Bodega, in der die Kubaner meiner Straße einkaufen. Im Frühjahr 1962 endete in Kuba der freie Verkauf von Lebensmitteln. Sie wurden rationiert und in speziellen Geschäften, den Bodegas, zu günstigen Preisen abgegeben, die teilweise bis heute unverändert sind. Nach und nach wurden alle weiteren normalen Produkte des Alltags rationiert, Schuhe, Bekleidung, Waschmittel, auch Zigaretten und Rum. In den letzten Jahren ging die Rationierung jedoch deutlich zurück, etliche Grundprodukte sind aber geblieben, vor allem Reis, Bohnen, Öl, Zucker, Salz, Eier und tiefgefrorene Hühnerteile. Zwar können diese alle auch in richtigen Geschäften erworben werden, allerdings zu weitaus höheren Preisen (# 44), die sich nur ein geringer Teil der Kubaner leisten kann. Die große Masse könnte ohne die Bodega nicht überleben. Jede größere Straße ist in kleine Abschnitte unterteilt, zu denen eine Bodega gehört, nur in dieser können die Bewohner einkaufen. Ohne Übertreibung: Die Bodegas sind Rattenlöcher. Wenn Sie die kubanische Realität erleben wollen, ist ein Besuch in ihnen sowie ein Plausch mit Kunden oder Verkäuferinnen unumgänglich. Wollen Sie sich aber Ihren Urlaub nicht verderben, dann lassen Sie es besser bleiben.

Öl- und Reisverteilung
in einer »Bodega«

CADECA

Hier können Sie Geld wechseln

Außerhalb des Hotels sind die Wechselstuben die wichtigste Anlaufstelle für Kubas Besucher. Sie sind weit verbreitet, und fast immer sind sie an den langen Schlangen am Eingang zu erkennen.

Nachdem der Tourist an seinem ersten Tag in Kuba aus dem Bett gefunden hat, muss er vor allem eines erledigen: Er muss an kubanisches Geld kommen. Seine Euro kann er in einer Bank gegen die innerkubanische konvertible Währung CUC (Zweigstellen auch in vielen Hotels) wechseln oder an einer Cadeca. Die Cadecas sind weiter verbreitet als Banken. Gleichfalls kann er dort gegen die eingetauschten CUC auch das andere kubanische Geld erwerben, das sogenannte Nationale Geld (Moneda nacional), abgekürzt CUP (# 44).

Bei der großen Anzahl von Cadecas müssten eigentlich alle westlichen Touristen schnell zu Geld kommen, würden sich vor den Eingängen nicht ständig lange Schlangen aufbauen. Diese bestehen weitgehend aus Kubanern. Nur eine geringe Anzahl von ihnen erhält auch einen kleinen Teil ihres Lohnes in CUC. Zwar kann der Kubaner in jedem Geschäft ebenso mit der Moneda nacional einkaufen, aber das ist umständlich wegen der großen Anzahl der Scheine und der Umrechnung. Deshalb tauschen sie ihre CUP gegen CUC ein. Außerdem verfügen Kubaner auch über Devisenquellen: Touristen, Verwandte im Ausland, Auslandsreisen usw. Die Devisen tauschen sie in der Cadeca gegen CUC ein. Weitaus seltener tauschen sie CUC in Dollars oder Euro um, die Abschläge sind zu hoch. Auch für Europäer lohnt sich der Rücktausch von CUC in Euro nicht, aber er wäre durchaus möglich. In fast jeder Cadeca stehen Geldzählmaschinen bereit, sodass Betrug äußerst selten vorkommt.

KAFFEE

Klein, schwarz und stark

Nach seiner Entdeckung hat Südamerika die Welt mit zahlreichen Früchten und Leckereien beschenkt. Der Kaffee war nicht darunter, er stammt aus Afrika, ist jedoch auch in Kuba der morgendliche Weckruf.

Vor zweihundert Jahren war Kuba für einige Jahrzehnte der weltweit wichtigste Kaffeeproduzent, bis andere Länder ihn günstiger produzierten. Heute wird in Kuba immer noch Kaffee von den Sträuchern gepflückt. Einige davon sind sogar hochwertige Arabica-Sorten, wie die aus der Sierra Maestra oder aus dem Escambray-Gebirge. Dieser wird als Pulver in Dosen abgefüllt, die Namen bekannter Zigarrenmarken (»Cohiba« oder »Monte Cristo«) tragen. Allerdings sind sie höchst selten in den Geschäften zu finden. Andere Marken wie »Serrano« oder »Indiana« sind öfters zu kaufen, zumeist ebenfalls als Pulver in Tausend-Gramm-Tüten. Sie sind von ordentlicher Qualität, höchstwahrscheinlich bestehen sie zum größten Teil aus Importen, wozu es aber in Kuba keine Erklärung gibt. Im Haushalt wird der Pulverkaffee traditionell in kleinen eisernen Kaffeemaschinen (bekannt auch aus Italien) auf der Herdplatte zubereitet, das geht im Handumdrehen. Er wird gesüßt aus Minitassen getrunken, ist aber für den europäischen Geschmack ziemlich stark. Der normale Kubaner kann sich jedoch eine solch gute Qualität nicht leisten. Er bezieht seinen alltäglichen Kaffee in kleinen Tüten aus seiner Bodega. Dieser wird mit einer gerösteten Erbsenart gestreckt, wodurch er selbst in geringer Stärke für uns untrinkbar ist. In jeder Cafetería wird er direkt oder aus der Thermoskanne in den kleinen Tassen angeboten.

CAFETERÍAS

Gewöhnungsbedürftig

Jede kubanische Cafetería ist unterschiedlich, von einem kleinen Anbau am Wohnhaus bis hin zu einem Fenster von der Küche auf die Straße, aber jede gehört nur einem Eigentümer.

Für die heute lebende kubanische Generation sind die Cafeterías eine Entdeckung der Neuzeit. Nach über 40 Jahren ihrer Abwesenheit kann sich selbst die ältere Generation kaum noch an die Kultur der Cafeterías ihrer Jugendzeit erinnern. Es begann vor etwas mehr als zehn Jahren mit einer der ersten wirtschaftlichen Liberalisierungsmaßnahmen Raúl Castros. Er ließ privaten Kleinkapitalismus im sozialistischen Musterstaat Kuba zu. Das veränderte seinen Charakter tiefgreifend. Davor hatte sein Bruder Fidel immer gewarnt, aber die Kubaner nahmen diese Liberalisierung euphorisch an, heute ist sie zur Selbstverständlichkeit geworden.

Die kleine Besorgung vor der Fahrt ins Büro, die Pause vor der Schultür, der Kaffeeplausch während des Einkaufs und der späte Nachmittag mit Freunden bei einem schnellen Bier, nichts geht mehr ohne die privaten Cafeterías. In Blitzesschnelle ließ die Privatinitiative die sozialistische Staatswirtschaft vergessen. Trotz zahlreicher staatlicher Reglementierungen sowie unentwegter Gängelei durch lokale Behörden und für westliche Ausländer kaum fassbaren Schwierigkeiten in der Besorgung von Getränken sowie Lebensmitteln ist das Wachstum der Cafeterías nicht aufzuhalten. Auch in Kuba schlägt privat den Staat. Für westliche Besucher sind die kubanischen Cafeterías allerdings oftmals gewöhnungsbedürftig. Es hapert an der Qualität des Kaffees und der der Speisen, oft auch an der Sauberkeit. Aber die Cafeterías sind zuerst für die Kubaner da und nur selten für die Touristen.

Cafetería
DON ORLY
HAMBURGUESA ESP
SANDWICH JAMÓ
PAN C/CHORIZO
PAN C/GUAYABA
PAN C/MAYONE
PAN C/MANTEQ
PAN C/CROQU
OPEN
TRABAJA
2.00

MEZCLA DE RAZAS

Schwierige Gleichberechtigung

Nach der Revolution war die Gleichberechtigung eines der wichtigsten Ziele der neuen kubanischen Regierung. Seitdem ist vieles erreicht worden, aber viele Probleme werden auch unter den Tisch gekehrt.

Aus dem letzten Jahrzehnt vor der Revolution gibt es keine exakten Zahlen zur Verteilung der Bevölkerung. Allerdings steht eindeutig fest, dass die Weißen in der Mehrheit waren, vielleicht auch nur in der einfachen Mehrheit. Die letzte Erhebung im sozialistischen Kuba dazu stammt von 1981. Darin bezeichneten sich 12 % der Kubaner als Schwarze, 22 % als Mulatten und 66 % als Weiße. Allerdings beruhen diese Zahlen auf einer Selbstangabe, in Kuba besteht jedoch die Tendenz, sich als Weißer anzugeben. Die überwiegende Mehrheit der kurz nach der Revolution und auch später in die USA geflüchteten Kubaner war weiß, wodurch sich die Proportionen eindeutig zugunsten des farbigen Anteils verschoben haben. Farbige stellen heute die Mehrheit der Bevölkerung. In der Öffentlichkeit existieren keine Diskriminierungen mehr. In den Führungsgremien der Partei und des Staates sind farbige Kubaner jedoch selten vertreten. Die kulturellen und gesellschaftlichen Folgen von über 350 Jahren Sklaverei lassen sich innerhalb weniger Generationen nicht so einfach überwinden.

Die erste Vermischung fand statt, als spanische Kolonialisten mit karibischen Frauen Kinder zeugten. Die zweite vollzog sich zwischen Weißen und den als Sklavinnen geraubten schwarzen Frauen, eine Mulattenbevölkerung entstand. Als Drittes kamen ab 1848 ca. 150.000 Chinesen nach Kuba, die zumeist mit schwarzen Sklavinnen oder freien Mulattinnen Kinder zeugten. Die daraus resultierenden Vermischungen werden heute, ohne abwertenden Unterton, als »Chino« bezeichnet. Danach vermischten sich zwar nicht alle Teile der kubanischen Bevölkerung, aber doch ein erheblicher. Die heutigen Kubaner sind überwiegend Ergebnis einer genetischen Verschmelzung. Das ist die von Kubanern selbst so genannte »Rassenmischung«.

23

CAMAGÜEY

Eine Stadt für Romantiker

Havanna war immer das reiche und stolze Zentrum Kubas, Camagüey das Zentrum selbstbewusster Provinzbürger.

Camagüey liegt 500 km von Havanna entfernt, ungefähr an der Grenze, wo der Westen Kubas in den Osten übergeht. Im Unterschied zu allen anderen kubanischen Großstädten ist seine Altstadt nicht nach dem üblichen spanischen Vorbild errichtet worden und auch nicht nach dem großen Vorbild Havanna gebaut. Seine Altstadt ist ein Irrgarten ohne grüne Hecken und ohne leuchtende Blumen. Er besteht aus jahrhundertealten, eng aneinandergedrängten Häuschen, ohne die kleinste Lücke für ein tapferes Bäumchen. In den orientierungslos krummen Gassen mit holprigem Pflaster versteckt sich hinter jeder Biegung ein winziger Platz mit einer kubanischen Cafetería, aber wenn der Platz größer wird, steht auf ihm eine Kirche, die einige Minuten der Ruhe verspricht.

Die katholische Kirche Kubas hat in Camagüey ihre Hochburg. In seiner Altstadt ist Camagüey städtische Provinz, mit einer Ruhe, die dem erprobten Großstädter fast schon unheimlich vorkommt, und mit einer Gelassenheit des Lebens, die er nur noch aus Märchenbüchern kennt. Hier zieht keine touristische Sensation Besucher an, aber diejenigen, die nach zahllosen Reisen in andere Länder noch über sehende Augen verfügen, empfinden das Labyrinth der Gassen, Plätze und Kirchen als eine verschwiegene Schönheit, die scheinbar aus einem Buch der Wunder zur Wirklichkeit herausgetreten ist. Havanna war immer verschwenderisch, in seiner Architektur, seiner Lebenslust und seiner Sittenlosigkeit. Camagüey war immer stolz auf Bürgerfleiß, Demut und auf seine Liebenswürdigkeit. Havanna und Camagüey sind zwei völlig verschiedene Seiten von Kuba.

Plaza del Carmen

24

CAPITOLIO

Größer als in Washington

Das frühere Parlamentsgebäude Kubas kündet vom Reichtum des Landes und zugleich auch von der Prunksucht seiner Regierungen zwischen den beiden Weltkriegen.

Ich war noch nie in Washington, brauche ich auch nicht, denn sein wichtigstes Gebäude steht in einer Kopie in Havanna, aber größer und nach seiner kürzlichen Restaurierung auch wieder prächtiger. 1930 wurde nach zehn Jahren Wartezeit das Capitolio unter einem kubanischen Präsidenten-Diktator fertig gestellt. Aus allen Richtungen Havannas ist es nicht zu übersehen. Jahrzehntelang hatte es die sozialistische Regierung als Symbol des kapitalistischen Kubas verkommen lassen. Heute ist es unter der Regie von Michael Diegmann, einem deutschen Restaurateur, außen und innen in seiner ursprünglichen Pracht wiedererstanden. Außen weißer Marmor, innen Bronze und Gold, der Sitzungssaal des früheren Parlaments in edlen Hölzern und gediegenem dunklen Leder. In seiner Pracht wohl einzigartig in der ganzen Welt. Der Stolz Kubas ist auferstanden. Schon immer war es ein Anziehungspunkt für die Besucher Havannas gewesen, ein Foto auf der mächtigen Treppe zum Eingang war das bevorzugte Vorzeigebild für die Lieben daheim. Heute wäre ein Besuch Havannas ohne das Capitolio trostlos. In seinem Boden befand sich einst ein Diamant, der die Mitte Kubas symbolisieren sollte. Er ist verschwunden; wer ihn findet, darf ihn behalten, jedenfalls der Legende nach. Allerdings hat der Verlust den früheren Präsidenten von Kasachstan so betrübt, dass er Kuba einen neuen Diamanten geschenkt hat, der jetzt in den Boden eingelassen sein soll.

CAPITOLIO

25

CARLOS III

Kubanisches Einkaufsparadies

Das größte Einkaufszentrum Kubas und das einzige mit lautem Stimmengewirr, Kindergeschrei und ohne Touristen; und immer findet man etwas, wonach man gar nicht gesucht hatte.

Wer einmal während seines Kuba-Besuches nur unter Kubanern sein möchte, sie beim Einkaufen beobachten will, auch wie sie sich anstellen, essen und trinken, erfreut aus einem Geschäft kommen, enttäuscht ein anderes verlassen, der ist in der Carlos III bestens aufgehoben. Hier kann man Frauen beim Plausch mit Verkäuferinnen beobachten, obgleich dahinter wenigstens zehn andere endlich ihr Geld loswerden wollen, sich vor dem Haupteingang von privaten Händlern ansprechen lassen, die Waren verkaufen, die es drinnen in den Geschäften nicht gibt, oder auch das einzige Parkdeck Havannas benutzen.

Bereits vor der Revolution war sie entstanden. Sie wurde nach der Straße benannt, an der sie liegt, der Avenida Carlos III, nach einem spanischen König, was der heutigen Regierung nicht gefiel, weshalb sie offiziell Salvadore Allende heißt, aber kein Bewohner Havannas nennt sie so. Nach der Revolution verfiel die Mall, wurde jedoch wieder aufgebaut und ist heute ein unvergleichlicher Anziehungsort. Wie eine Schnecke zieht sich ein stufenloser Gang inmitten des Gebäudes an seiner Seite nach oben, sodass die Anzahl der Geschosse nicht bestimmt werden kann. Wenn man nach oben geht, sind rechts von diesem Gang die Geschäfte angebracht. Links vom Gang blickt man mit jedem Schritt auf die breite offene Fläche des Erdgeschosses, wo die Kinder sich an Spielgeräten erfreuen und die Männer beim Bier auf ihre weibliche Begleitung warten. Ein kubanisches Paradies!

CARNE DE RES

Seltenes Rindfleisch

Einst war Rind das übliche Fleisch der meisten Kubaner. Wenige Jahre nach der Revolution wurde es streng rationiert und auch heute wird es nur ausnahmsweise verkauft.

Fidel Castro war die große Führungspersönlichkeit Kubas seit der Unabhängigkeit von Spanien. Er war auch einer der Führer der früheren Dritten Welt. In manchen Biographien wird er als lateinamerikanische Lichtgestalt gefeiert. Eine solche Persönlichkeit muss auch Großes in der Wirtschaft leisten können. Allerdings stand er darin unter den Führern kommunistischer Staaten nicht allein. Die Spezialität Castros waren Veränderungen in der Landwirtschaft. Bis zur Revolution wurden auf Kuba auch alle weltweit bedeutenden Rinderrassen gezüchtet. Castro beschloss, diesem Wirrwarr ein Ende zu machen, indem er ein Einheitsrind verordnete. Das war eine seiner wirkungsmächtigsten Ideen. Bereits seit über einhundertfünfzig Jahren wird auf Kuba auch das aus Afrika stammende Cebu-Rind zur Fleischgewinnung gezüchtet. Castros Idee bestand darin, dieses Rind mit der Holsteiner Milchkuh (aus der Sowjetunion importiert!) zu kreuzen, um so quasi zwei Fliegen mit einer Klappe zu schlagen. Alle anderen Rassen wurden aufgegeben. Seit dieser Zeit gibt es in Kuba im freien Verkauf weder frische Milch noch Rindfleisch. In den Bodegas wird ab und zu Rinderhack verkauft, angereichert mit Soja, früher auch Frischmilch, beides jedoch rationiert nur für Kleinkinder, heute nur noch Milchpulver, das manchmal auch in Geschäften für CUC zu haben ist. In einigen Geschäften gibt es gelegentlich auch tiefgefrorenes Rindfleisch, häufig importiertes. Sämtliche Rinder sind Staatseigentum. Inzwischen können Rinder begrenzt auch wieder privat gehalten werden, die Milch und das zu schlachtende Vieh müssen an den Staat abgeliefert werden. Der private Handel mit Rindfleisch ist illegal und wurde jahrelang mit hohen Gefängnisstrafen geahndet.

Tiefgefrorenes Rindfleisch aus Brasilien

27

CARRETERA CENTRAL

Längst durch Kuba

Es war die erste Straße, die Kuba direkt von West nach Ost verband, und sie ist immer noch die wichtigste Verbindung auf der Insel.

In den dreißiger Jahren des vorigen Jahrhunderts nahm Kuba sein bis dahin umfangreichstes Verkehrsprojekt in Angriff. Kuba hat eine Längsausdehnung zwischen 1.250 und 1.350 km, je nachdem von welchem Punkt aus man misst. Es ist damit länger als Deutschland. Seine Breite liegt zwischen 250 und 30 km. Fast immer führte die Carretera Central direkt durch Städte und Dörfer, erst später kamen einige Umgehungsstraßen hinzu, auch nach der Revolution. Von dieser zentralen Straße zweigen etliche Querstraßen ab. Die Carretera Central ist unterwegs mit zahlreichen Hinweisschildern ausgeschildert, die auch auf der Autobahn zu finden sind. Der Besucher kann sich danach ordentlich orientieren. Zumeist ist sie einspurig, ab und zu auch zweispurig. Mehrere Probleme verhindern jedoch eine zügige Fahrt auf ihr. Streckenweise ist die Straße derartig mit Löchern übersät, dass man meinen könnte, sie wäre eine Teststrecke für Automobilkonzerne. Pferdefuhrwerke behindern den Verkehr erheblich, zusätzlich in kleinen Städten und in Dörfern auch Fahrradrikschas oder normale Fahrradfahrer, gern auch mal zu zweit oder sogar zu dritt nebeneinander, ebenso zahlreiche Hunde und Hühner. Immer wieder werden Abschnitte monatelang repariert, gelegentlich auch ohne Ausschilderung. Das hat jedoch den Vorteil, dass sich der Tourist über den nächsten freien Streckenabschnitt aufrichtig freut.

Ausfahrt zur Carretera Central im Süden Havannas

CASA DE LA MÚSICA

Musik in der Endlosschleife

Ein Musiktempel für jegliche Unterhaltungsmusik, vornehmlich jedoch für kubanische Pop-Musik. Zielgruppe: ab fünf Lebensjahren ohne Begrenzung nach oben.

Es klingt, es trommelt, es dröhnt, es wummert, es wird gekreischt, es wird mitgesungen, man hört sein eigenes Wort nicht, Paare verschlingen sich beim Tanz, Rum fließt reichlich. In der »Casa de la Música« leben Kubaner und Kubanerinnen auf, das ist ihre Welt, ihr Rhythmus, das sind ihre Lieder und ihre Tänze. In fast jeder größeren kubanischen Stadt existiert ein derartiger Musiktempel, auch unter anderem Namen. Als einzige Stadt hat Havanna gleich zwei davon, einen am Rande der Altstadt und einen im Promiviertel Miramar. Sieben Tage in der Woche wird gespielt, nachmittags eine Matinee und ab 23 Uhr nachts bis 3 Uhr morgens geht es dann richtig zur Sache. Niemals jedoch mit Musik vom Band. Die »Casas de la Música« sind keine billigen Discos mit wechselnden DJs, sondern originale kubanische Musikquellen. Hier treten richtige Bands und lebendige Sänger auf, auch Nachwuchsgruppen, die sich testen wollen. Die Bands können zehn oder 14 Musiker umfassen, zudem ebenso auch vier Sänger und Sängerinnen. Der Bandleader informiert das Publikum, vor allem, um es bei Laune zu halten. Gelegentlich treten im Vorprogramm auch Tanzgruppen auf, die das Publikum schon mal vorwärmen. In Havanna sind die besten kubanischen Bands vertreten, in der Provinz ist die musikalische Vielfalt weitaus größer.

»Casa de la Música«
im Stadtteil Miramar
in Havanna

CASA DEL HABANO

Paradies für Zigarrenkenner

Ein separater begehbarer Feuchtigkeitsraum nur für Zigarren aus einem einzigen Land, purer Luxus und eine grandiose Werbung für Kuba.

1990 stand Kuba kurz vor dem wirtschaftlichen Aus. Als erste Rettung wurde der bis dahin geradezu verhasste westliche Tourismus wieder aktiviert. In dieser Situation entwickelte die kubanische Exportfirma »Habanos s.a.« eine bahnbrechende Idee. Die erste »Casa del Habano« entstand bereits 1990 im mexikanischen Cancun. Daraufhin wurde eine umfangreiche Kette in Kuba und nach und nach auch für die ganze Welt aufgebaut, mit Ausnahme der USA. In den Einkaufsgebieten der Tourismuszentren und in einigen Hotels richtete die Firma separate Geschäfte für ihre Havannas ein, die zudem in einem für damalige Verhältnisse riesigen begehbaren Humidor zu besichtigen waren. Der Zigarrenliebhaber fühlte sich gut aufgehoben, ja sogar anerkannt und geehrt.

Einige Jahre später wurden zahlreiche Länder mit einem Netz von »Casas del Habano« im Franchising überzogen. Heute sind es ca. 150 Casas, in 68 Ländern, darunter auch in zwölf deutschen Städten, in Kuba sind es 18. Dieser besondere Vertriebsweg ist eine rein kapitalistische Idee im kommunistischen Kuba. Er ist zur wichtigsten Vertriebsform kubanischer Zigarren geworden. Die ausländischen Franchisenehmer müssen zusätzlich zum Humidor auch abschließbare Boxen zur privaten Aufbewahrung der Zigarren installieren, und oft gibt es auch eine bequeme Raucherlounge. Als Vorteil erhalten sie von »Habanos« exklusiv neu kreierte Zigarrenformate und eine bessere Belieferung mit besonders knappen Zigarren. Der Vertrieb kubanischer Zigarren ist damit aus den ordinären Allerwelts-Tabakgeschäften herausgenommen und zu einem Luxuserlebnis geworden. In einer solchen »Casa« wird der Zigarrenraucher nicht schief angesehen, schließlich ist man ja unter sich.

»Casa del Habano«
im Hotel Habana
Libre in Havanna

CASAS PARTICULARES

Private Zimmervermietung

AirBnb hat es mittlerweile auch nach Kuba geschafft. Die private Zimmervermietung ist einer der wenigen prosperierenden Wirtschaftszweige in Kuba und wird dafür vom Staat gegängelt.

Was auf Kuba in zahlreichen Bereichen des normalen Lebens 40 Jahre lang undenkbar war, krempelte wirtschaftliche Not innerhalb kürzester Zeit komplett um. Vor 15 Jahren begannen die Tourismuszahlen in Kuba stetig anzusteigen, aber es gab nicht genügend Hotels und keine Unterkünfte für die individuellen Bedürfnisse junger Leute. Deshalb musste der Staat die Vermietung von Räumen in privaten Wohnungen an Touristen zulassen. Zwar überzog er die Privaten mit absurden steuerlichen Vorschriften (feste Abgaben auch ohne jegliche Vermietung) und anderen Reglementierungen, doch die Kubaner waren Derartiges gewöhnt und hatten ein weiteres Stück Freiheit gewonnen. Die Regierung veröffentlicht keine exakten Zahlen zu den Privatquartieren, obgleich sie infolge des Registrierungszwanges darüber verfügt. Schätzungen gehen von mindestens 30.000 aus. Verglichen mit der Anzahl der Hotelzimmer übernachtet ungefähr jeder zweite Tourist privat. Die Qualität der Zimmer unterliegt keinen Vorschriften, dementsprechend groß ist das Angebot, vom Zimmer nur mit Bett, Toilette, Dusche und Metalllamellen vor den glaslosen Fenstern bis hin zum luxuriösen Apartment mit Swimmingpool. Inzwischen vermieten auch Angehörige von Regierungsmitgliedern derartige »Casas«. Gegenüber den Hotels haben sie drei Vorteile, zum einen sind sie meistens deutlich billiger, zum anderen einfacher zu buchen, direkt über ihre Internetseite oder über Vermittler wie AirBnB, und außerdem kann damit oftmals auch der Kontakt zur kubanischen Bevölkerung hergestellt werden. Übrigens werden infolge des Wohnraummangels etliche »Casas« auch stundenweise vermietet, allerdings nicht an eine einzelne Person, an Alleinstehende schon, die kommen dann aber nicht allein.

»Villa Teresa« im Stadtteil Vibora mit grandiosem Blick über Havanna

CAYOS

Mehr als 4.000 Inseln

Kuba hat sämtliche Sorten von Inseln zu bieten, vom einfachen, sich gerade einmal aus dem Meer erhebenden Korallenriff bis zu ausschließlich für den Tourismus reservierten Inseln.

Ganz genau hat sie noch niemand gezählt, manche verschwinden auch mal gern wieder im Meer, andere hängen durch Mangrovenwälder irgendwie zusammen und etliche sind einfach nichts weiter als ein Sandtupfer im weiten Meer. Aber zahlreiche Inseln um Kuba herum sind einzigartig in der Karibik, ob zum Atlantik hin oder zum Karibischen Meer. Darunter ist eine größere, die Insel der Jugend (Isla de la Juventud, früher Isla de Pinos) mit 85.000 Einwohnern sowie einem bekannten Tauchrevier. An der Ostküste Kubas, zum Atlantik hin, befindet sich ein über 250 Kilometer

weitgestreckter Archipel, eine Ansammlung von flachen Inseln, mit Mangrovenwäldern und Lagunen. Etliche der ausgedehnten Sandstrände werden ausschließlich für den Tourismus genutzt. Extra dafür wurden einige Dämme vom Festland zu den Inseln gebaut, teilweise kilometerlang, sodass die Touristen ihre Hotels bequem erreichen können. Damit wurde jedoch auch die natürliche Lagunenwelt zerstört, mit negativen Folgen für die Meerestiere. Die allermeisten Inseln um Kuba herum sind bis heute jedoch ungenutzt. Ihre Natur hat sich seit Tausenden von Jahren nicht verändert, sie ist einzig von den Hurrikans beeinflusst. Diese Inselwelt ist ein verschwiegener Teil des natürlichen Reichtums Kubas, der durch eine behutsame touristische Erschließung auch wirtschaftlich gehoben werden könnte.

CDR

Das Überwachungsinstrument

Bald nach der Revolution begann der kubanische Staat damit, seine Bevölkerung lückenlos zu überwachen. Dafür baute er im ganzen Land und in jeder Straße das System der CDR auf.

Wenn Touristen durch die Straßen kubanischer Städte schlendern, wird ihnen gewiss ab und an ein Schild mit den drei Buchstaben »CDR« auffallen. Ursprünglich sollten die »Comités de Defensa de la Revolución« den Staat bei der Abwehr konterrevolutionärer Attentate unterstützen, tatsächlich war jedoch damit etwas anderes beabsichtigt. Sämtliche von der Staatsdoktrin abweichenden Meinungen in der Bevölkerung sollten der Polizei oder der Geheimpolizei gemeldet werden. Die Präsidenten der lokalen CDRs hatten Macht, zwar in eng begrenztem Rahmen, aber im Alltag durchaus. Zwar schreiben auch heute noch in zahlreichen Wohngebieten frühere Staatsbeamte Berichte über Ereignisse und missliebige Personen, aber die Aktivitäten der CDRs haben sich gewandelt. Jede CDR hat einen gewählten Präsidenten, doch findet sich heute für diese Aufgabe oft kein Interessent mehr. Die weitere Organisationsform ist hierarchisch, aber der »Landesweite Koordinator« taucht selbst in den kubanischen Nachrichten nicht auf. Insgesamt existieren über ganz Kuba verteilt 133.000 derartiger gesellschaftlicher Einzelzellen mit nominal ca. neun Millionen Mitgliedern. Faktisch müsste jeder Einwohner ab 16 Jahre Mitglied in einer CDR sein. Die Realität sieht weitgehend anders aus. An den gelegentlichen Versammlungen nehmen niemals mehr als eine Handvoll Menschen teil, zahlreiche CDR existieren nur noch auf dem Papier. Heute sollen die CDR in ihrer Straße freiwillige Arbeitseinsätze, Versammlungen zur Unterstützung der Regierungspolitik und an Jahrestagen kleine Feiern organisieren. Nach 60 Jahren fallen Anspruch und Realität total auseinander.

C.D.R Nº6
Pepito Tey

Desde mi barrio
CDR
unidos
vigilantes
combativos
69
Presidente
del CDR

CEMENTERIO DE CRISTÓBAL COLÓN

Totenstadt in Marmor

Der eindrucksvollste Friedhof Lateinamerikas befindet sich in Havanna, er ist Architekturdenkmal und zugleich eine Pilgerstätte zu den Gräbern geliebter Menschen, bewunderten Zeitgenossen und berühmter Persönlichkeiten.

Zugegeben, ein Friedhof ist nicht gerade das bevorzugte Ziel eines Touristen, aber dieser Friedhof ist mehr als nur ein Friedhof. Zuerst seine Dimension: Eine Million bestattete Menschen, der größte in ganz Amerika. Es ist leicht, sich in ihm zu verirren, der Besucher benötigt einen Orientierungsplan. Dann seine Gestaltung: Zu beiden Seiten der Eingangsallee stehen von der ersten bis zur dritten oder gar vierten Reihe aufwendige Grabmäler, zahlreiche sind eher Prunkmäler als Beerdigungsstätten. Jedes ist schon für sich ein Architekturdenkmal. Eine ägyptische Pyramide ist eine einsame Pracht, der Cementerio Colón ist eine versammelte Pracht. Zuletzt seine Funktion: Hier gedenkt auch der normale Bewohner Havannas seiner verstorbenen Angehörigen, insgesamt ist er jedoch das Gewissen von 150 Jahren kubanischer Geschichte: Revolutionäre aus gescheiterten und siegreichen Revolutionen; Politiker, Unternehmer und Künstler, gleichfalls auch skurrile Typen, die alle am Buch Kubas mitgeschrieben haben; einzelne Menschen, die nur Mensch sein wollten und dabei über den Tod hinaus zu verehrungswürdigen Personen wurden. Einprägsam ist auch ein Vergleich zwischen den Grabmälern vor der Revolution und denen des sozialistischen Heldengedenkens. Gebaut wurde er in der spanischen Zeit von 1871/72. Es ist ein Friedhof, für dessen Besuch der Fremde Eintritt zu zahlen hat, weil er das beispielloseste offene Museum Amerikas betritt. Seinen oben angeführten offiziellen Namen kennt kein Kubaner. Alle nennen ihn einfach »Cementerio Colón«. In gehobenem Kubanisch heißt er »Necropolis Colón«.

osé Raúl Capablanca
Campeón Mundial
1921 a 1927
JOSE RAUL CAPABLANCA

CERVEZA CRISTAL

Nahezu deutsche Qualität

Richtiges deutsches Bier ist dieses kubanische Bier zwar nicht, aber es kommt ihm wenigstens nahe. Ursprünglich wurde es von einem deutschen Braumeister kreiert. Das ist schon mal was!

Zugegeben, diese Momentaufnahme Kubas wird mehr die männlichen Besucher interessieren, aber das Einkaufsparadies Carlos III (# 25) dafür mehr die weiblichen. Vor der Revolution waren die Kubaner Biertrinker, nach der Revolution wurden sie mangels Masse zu Rumtrinkern. Einst dominierten zwei große Unternehmen den kubanischen Biermarkt, eines in Havanna mit den Marken Tropical und Cristal, sowie die Bacardís von Santiago aus mit der Marke Polar. Beide wurden 1960 enteignet und alsbald begann für die kubanischen Biertrinker eine Zeit der Entbehrung. In den 90er Jahren verkaufte Fidel Castro alles, was sich in der kubanischen Wirtschaft zu Geld machen ließ, zu 50 Prozent an westliche Unternehmen. So kam das weltweit größte Bierunternehmen, INBEV aus Belgien, in den Besitz der Marke Cristal, einschließlich nicht mehr funktionstüchtiger Brauereien. Belgisches Kapital und deutsche Braumeister (auch das alte Cristal war ursprünglich von bayrischen Braumeistern gebraut worden) belebten die Marke und es gab (zusammen mit dem etwas kräftigeren und süßlicheren Bucanero) in Kuba wieder ein ordentliches Bier. In den letzten Jahren begann ein anderes Drama. Regierung und INBEV konnten sich über die Verwendung des Gewinns nicht einig werden, sodass nicht ausreichend Hopfen und Malz importiert wurden. Das glich die kubanische Regierung jedoch geschickt aus, indem sie aus so bedeutenden Bierländern wie der Dom. Rep., Panama, Trinidad oder Guatemala Bier importierte. Ein Gag dabei ist das Carlsberg, in Dänemark entstanden, in Russland gebraut, in Kuba verkauft und dort von Kanadiern getrunken. Weit verbreitet ist auch ein holländisches Bier, welches mit H. beginnt, aber das als Bier zu bezeichnen wäre eine Beleidigung.

CERVEZA
CRISTAL
LA PREFERIDA DE CUBA
BIÈRE
alc. 4.9% vol.

CHÉ

Legende ohne Ende

Ernesto Rafael Guevara de la Serna, genannt Ché, ist in Kuba ein Nationalheld und Vorbild der Jugend, vor allem für das, was er nicht getan hat, was als Vorbildfunktion einigermaßen kurios wirken mag.

Es war einmal ein Argentinier aus einer gutbürgerlichen Familie; er wurde Arzt, aber seine eigentliche Berufung bestand darin, die Menschheit von allem Übel zu heilen, zuerst jedoch vom Kapitalismus. Er hatte Visionen und war überzeugt, zum Befreier der Menschheit berufen zu sein. Allerdings litt er unter Asthma, was er jedoch durch ein besonders striktes revolutionäres Auftreten überspielen wollte. Als er in Mexiko Fidel Castro traf, fand er eine überragend starke Persönlichkeit, von der er meinte, er könne mit dieser seine illusionär revolutionären Ide-

en verwirklichen. Nach der Revolution wurde er Chef des größten Gefängnisses Kubas. 216 Personen sind bekannt, die er persönlich hingerichtet hat oder die auf seine Anweisung hingerichtet wurden. Danach entwickelte er die kubanische Agrarreform, in der die Landwirtschaft weitgehend verstaatlich wurde. Später wurde er Präsident der Staatsbank und Industrieminister, um Kuba zu industrialisieren. Als diese Bemühungen in eine Wirtschaftskatastrophe mündeten, ging er in den Kongo und nach Bolivien, um dort eine sozialistische Revolution zu initiieren. Beides misslang und er wurde erschossen. Bis auf seine Teilnahme am Kampf in der Sierra Maestra scheiterte er überall und in allen Belangen. Heute soll er das große Vorbild der kubanischen Jugend sein. Plakate, Museen und Denkmäler preisen ihn.

CIÉNAGA DE ZAPATA

Sehr sumpfig

Die verrücktesten Vogelbeobachter sind japanische Touristen. Bereits um 4 Uhr morgens stehen sie auf schmalen Dämmen im Sumpf, um mit nahezu meterlangen Teleobjektiven den kleinsten Vogel im größten Sumpfgebiet der Karibik festzuhalten.

Kaum ein Besucher Kubas erwartet auf der Insel ein Feuchtgebiet, was ein vornehmer Ausdruck für einen Sumpf von 250 km Länge und 50 km Breite ist. Es ist ein riesiges Vogelparadies, 180 Arten sollen es sein, aber mit den Mücken im Sommer ist es kein Paradies für Menschen. Allerdings sollen dort noch Riesenschildkröten, wilde Stiere und Krokodile leben. Das gesamte Gebiet ist ein geschützter Nationalpark.

Mehrfach bin ich frühmorgens mit Führern auf Dämmen tief in den Sumpf hineingegangen und fühlte mich wie in einem Edgar-Wallace-Film. Kurz bevor der Sumpf in den Ozean übergeht, ziehen sich 20 Kilometer weit die Lagunen der »Las Salinas« hin. Zweimal habe ich es mit meinem eigenen Auto gewagt, den Schotterweg zu befahren, um die unglaublich vielfältige Vogelwelt zu beobachten: Flamingos, Reiher, Fischadler, Bussarde, Ibisse, Löffler, Kormorane, Pelikane, sie sind nicht alle aufzuzählen! Diese Fülle der Natur hat sich unter den Touristen noch nicht richtig herumgesprochen, was gut für Naturenthusiasten ist. Ein Badeurlaub ist eben einfacher als Naturbeobachtung. Zwei Strände schließen das Sumpfgebiet zum Meer hin ab. Einer ist die bekannte Schweinebucht. Nur zwei Straßen führen zu ihr, immer durch den Sumpf. Genau dort landeten 1961 mehr als eintausend amerikanische Exilkubaner, um Fidel Castro zu vernichten. Eine logistische Glanzleistung der CIA. An der Straße kündet ein Museum davon. Den Sumpf kümmert´s nicht weiter.

37

CIRA GARCÍA

Ausländerkrankenhaus

In dem vornehmen Viertel Miramar in Havanna befindet sich das beste Krankenhaus der Insel, ausgenommen die Krankenhäuser für Regierung und Armeeführung. Es ist nur Ausländern vorbehalten.

Niemand wünscht sich, im Urlaub einen Arzt aufsuchen zu müssen, wenn aber doch, dann ist das Cira García die beste Adresse. Ärzte und Krankenschwestern sprechen englisch, die gesamte Einrichtung ist sehr sauber, die medizinischen Geräte sind aus dem westlichen Ausland, die Betreuung ist vorbildlich, die Krankenwagen sind zahlreich und modern ausgerüstet, Getränke und Essen sind ordentlich. Das hat seinen Preis, der höher ist als bei vergleichbaren Leistungen in den meisten europäischen Staaten, aber schließlich will man sich im Urlaub ja auch nicht lumpen lassen. Eine Krankenversicherung wird nicht akzeptiert, sondern Bargeld oder Kreditkarte werden erwartet. Nach dem Ende der Behandlung erhält der Patient jedoch eine umfangreiche Abrechnung, die er bei seiner Auslandskrankenversicherung problemlos einreichen kann. Leider musste ich dies auch bereits ausprobieren. Drei Wermutstropfen: Zwar bemühen sich Ärzte und Schwestern tatsächlich rund um die Uhr, verfügen jedoch nicht über Erfahrungen mit westlicher Diagnostik; ihr Gehalt ist gegenüber dem in Europa einfach nur jämmerlich, weshalb sie für kleine Aufmerksamkeiten offen sind; und es stehen nicht immer die üblichen westlichen Medikamente zur Verfügung. Ich habe durch meine kubanische Familie auch mehrfach Erfahrungen mit normalen kubanischen Krankenhäusern erleben müssen. Meine Verwandten konnten sich die Bedingungen im Cira García nicht vorstellen. Wenn ich den Ärzten in diesen Krankenhäusern davon berichtete, winkten sie nur resigniert ab.

CLINICA CENTRAL CC CIRA GARCIA
CIRA GARCIA

COCHE A CABALLOS

Pferdekutschen

Kubaner verfügen über die Fähigkeit, aus der Not eine Tugend zu machen, dadurch ist als wichtigstes Nahverkehrsmittel die alte Pferdekutsche wieder aufgelebt.

Ein Pferd unbestimmten Alters, ein Kutscher, zumeist ein jüngerer, ein Wagen mit zwei gegenüberliegenden Bänken für maximal sechs Personen, am besten dünnere, oder zwei Personen und ein verpackter Kühlschrank, oder eine Person und sechs Säcke mit Zement, zurückhaltende Federung, Vollgummireifen, selten mit Beleuchtung, aber oft mit Musik, gelegentlich mit witzigen Aufschriften an der Rückbank, in der Stadt Cárdenas, nahe Varadero, fast immer mit silbernem Geschirr und aufklappbarem Verdeck, sonst vornehmlich ländlich rustikal. In einer Stadt mit 50.000 Einwohnern transportieren bspw. 600 dieser Kutschen ab vier Uhr morgens die Einwohner zur Arbeit sowie bis weit nach Mitternacht die letzten Discobesucher. Das kostet tagsüber einen viertel und nachts einen halben Euro pro Person, das können sich auch Kubaner leisten. Pferd und Wagen sind privat, allerdings gehört das Pferd nominell dem Staat und geht als Kadaver an diesen zurück. Die Kutscher benötigen eine kommunale Lizenz, müssen den technischen Zustand ihrer Kutsche überprüfen lassen, zahlen Steuern und gehören in der Stadt zu den Besserverdienern, wenngleich nicht zu den Wohlhabenden. Die Lizenzen sind begehrt. In den mittleren Städten stellen die Kutscher, die Wagenbauer und die Hufschmiede die größte Wirtschaftsgruppe dar, nach den Staatsbediensteten. Übrigens haben kubanische Pferde alle denselben Namen: »Caballo!« – Pferd!

COCINA CRIOLLA

Kulinarische Tradition

Die typische kubanische Küche geht auf die Tradition der Kreolen zurück. Das waren die in Kuba geborenen Weißen, im Gegensatz zu den erst kürzlich aus Spanien eingewanderten.

Die aus Spanien nach Kuba ausgewanderten Kolonisten waren keine Fischer. Jahrhundertelang war Fisch in Kuba nur etwas für arme Leute. Die schwarzen Sklaven benötigten kräftige Nahrung, wozu auch das Fleisch der leicht zu haltenden Schweine gehörte. Für die Besatzungen der Silberflotten wurde zur Überquerung des Atlantiks umfangreich Schweinefleisch eingepökelt. Auf den weiten Ebenen in der Mitte Kubas weideten große Rinderherden, um die Kreolen sowie die Mulatten mit Rindfleisch zu versorgen. Im Unterschied zu den anderen karibischen Inseln hatte sich auf Kuba schon frühzeitig eine breite Schicht freigelassener Mulatten gebildet. Ihre Küche und die der Kreolen war ländlich geprägt, Anleihen bei den gehobenen Gerichten des Adels in Europa gab es kaum. Die kubanischen Gerichte mussten umfangreich sein, weil einmal am Tag sättigend, sie mussten billig sein, also aus der Landwirtschaft des Umlandes kommen, und sie mussten einfach zuzubereiten sein, weil wenig Zeit dafür vorhanden war. Der Geschmack kam dann von ganz allein. Wenn Sie durch Kuba reisen, werden Sie an zahlreichen Landstraßen ein Hinweisschild mit der Aufschrift »Cocina Criolla« finden. Kubaner sind stolz auf ihre traditionellen Gerichte, die sie im Laufe der letzten 100 Jahre auch verfeinerten. Reis, Bohnen, Schweinefleisch, Yuca (Maniok), Malanga (Yam), etwas Gemüse und einfacher Salat gehören immer dazu, früher auch Rindfleisch, heute gelegentlich.

COCODRILOS

Unsichtbare Krokodile

Niemand möchte gern am Strand oder an einem Fluss einem Krokodil begegnen. Kuba ist jedoch nicht Florida. Hier sind Krokodile nur in Zuchtfarmen sichtbar.

Ein kubanisches Krokodil in der freien Natur zu Gesicht zu bekommen ist weniger wahrscheinlich, als eine Million im Lotto zu gewinnen. Sie leben in Sümpfen und Touristen sind für sie ungenießbar. In einigen wenigen Zuchtfarmen können sie träge im Wasser liegend betrachtet werden. Damit könnte das Kapitel »Raubtiere in Kuba« schon abgeschlossen sein. Giftige Schlangen gibt es nicht. Allerdings soll es eine Würgeschlange geben, die bis zu vier Meter lang werden kann, aber das behaupten nur die Biologen. Auch giftige Skorpione soll es geben, meinen auch nur die Biologen. Zu den Raubtieren gehören sonst nur noch einige kleinere Nagetiere, insbesondere die »Jutía«. Sie sieht einer großen Ratte ähnlich, aber mit grässlich langen Krallen, und wird auch Baumratte genannt, soll aber rein biologisch mit dem nordamerikanischen Stachelschwein verwandt sein, wovon das Stachelschwein aber noch nichts gehört hat, doch das schreiben erneut bloß die Biologen. Sie leben in einsamen Wäldern, werden gelegentlich aber auch von der Landbevölkerung gezüchtet, weil sie angeblich wohlschmeckend sind, nicht die Biologen, sondern die Baumratte. In Kuba tropft es dem Touristen eher von einem Vogel auf dem Kopf, als dass er in die Wade gebissen wird. Kuba ist ausgesprochen friedlich, rein tierisch gesehen.

COHIBA

Kubanischer Bestseller

Die Cohiba ist die berühmteste kubanische Zigarrenmarke. In den USA, der Dom. Rep. und in anderen mittelamerikanischen Staaten wird sie schamlos kopiert, aber nirgendwo erreicht sie die Qualität des Originals.

Ihre Entstehung ist legendenumrankt; keine Legende jedoch ist der Einfluss, den Fidel Castro auf ihre Geburt hatte. Als er die ersten der extra für ihn gerollten Zigarren probierte, ordnete er an, dass zukünftig nur die allerbesten Zigarrenblätter für diese Zigarre benutzt werden sollten und nur er allein über ihre Verwendung bestimme. Außerdem orderte er die besten Roller Kubas in eine geräumige Villa, aus der zuvor ihre Besitzerin geflüchtet war, die sich in der Nähe seiner eigenen Residenz befand, und gestaltete sie zu einer Zigarrenmanufaktur um. Alles war streng geheim. Diese Zigarre rauchte jedoch nicht nur er allein, er verschenkte sie auch an besonders wichtige ausländische Staatsmänner, die Kuba besuchten.

Wegen der Geschwätzigkeit der Politiker verbreitete sich alsbald das Gerücht von einer neuen kubanischen Wunderzigarre, sodass sie ab 1982 auch für den normalen Export produziert wurde. Heute wird immer noch ein Teil davon in der einst geheimen Fabrik »El Laguito« gerollt, die auch von ausgewählten Besuchern besichtigt werden kann. Inzwischen verbergen sich unter dem Oberbegriff »Cohiba« vier verschiedene Produktlinien mit über 20 Formaten, darunter auch die drei Formate der Linie »Behike«, der zweifellos weltbesten Zigarre. Heute werden die Cohibas auch in zahlreichen anderen Fabriken gerollt, allein die Robustos in 13 verschiedenen. Das zehrt an ihrer Qualität und an ihrem Ruf.

COGER BOTELLA
Autostopp

Der Autostopp ist in den meisten europäischen Ländern inzwischen nur noch eine Kuriosität, in Kuba ist er eine alltägliche Notwendigkeit.

Besucher, die durch Kuba reisen, treffen auf schier unzählige Möglichkeiten, mit der kubanischen Bevölkerung in Kontakt zu kommen: Junge Mütter mit einem Baby auf dem Arm, Studentinnen mit Rucksäcken, Arbeiter in Arbeitsklamotten, Rentner mit Geldscheinen in der Hand, Hausfrauen mit Einkaufstaschen, alle suchen sie eine Mitfahrgelegenheit, vor allem an den Kreuzungen der Ausfallstraßen der Städte, unter den Brücken der Autopista und der Carretera Central, auch an deren Tankstellen oder einfach an jedem beliebigen Straßenrand. In Havanna und in den größeren Städten stehen sie frühmorgens an den Straßen, um zur Arbeit zu kommen, und nachmittags, um zu ihrem Zuhause zu gelangen. Ausreichende Transportmittel für den öffentlichen Nah- und Fernverkehr gibt es nicht. Der private Transport wird vom Staat kleingehalten. So müssen die Kubaner darauf hoffen, dass ein staatliches Auto oder ein Lkw oder auch ein Privatauto anhält, um sie mitzunehmen. In den letzten Jahren hat Kuba mit Hilfe eines chinesischen Milliardenkredits zahlreiche chinesische Autobusse erworben. Dadurch hat sich die Nah- und Fernverkehrssituation etwas verbessert, aber das Problem ist nicht gelöst. Einst fuhren durch fast alle größeren und viele mittleren Städte Kubas auch Straßenbahnen. Heute kann man noch gelegentlich ihre Schienen auf den Straßen erkennen. Inzwischen ist der chinesische Kredit ausgelaufen und der Autostopp hat wieder zugenommen. Den Touristen werden die einfachen Möglichkeiten der Kontaktaufnahme nicht ausgehen. Direkt übersetzt heißt Coger Botella »eine Flasche nehmen«, wobei der hochgereckte Daumen als eine Analogie zur Flasche aufgefasst wird. Es gibt dafür aber auch andere Erklärungen.

nco Metropolitano

CUBANO – ESPAÑOL

Schwierige Ehe

Kuba-Besucher mit fortgeschrittenen Spanischkenntnissen werden sich über zahlreiche Begriffe auf Kuba wundern, die ihnen reichlich spanisch vorkommen.

Kuba war mehr als 400 Jahre eine spanische Kolonie, trotzdem haben sich auf Kuba Begriffe und Redewendungen entwickelt, die in Spanien unbekannt sind. Ähnliches trifft auch auf alle anderen spanischsprechenden lateinamerikanischen Staaten zu. Manche Begriffe und Redewendungen sind in vielen Staaten verbreitet, andere hingegen sind nur lokaler Kolorit. Politisches Sehnsuchtsland für die Kubaner sind die USA, von denen aus – ähnlich wie nach Europa – zahlreiche Anglizismen nach Kuba überschwappen, aber sprachlich ist es nach wie vor eindeutig Spanien. Spanisch ist die zweitwichtigste Weltsprache und Kubaner sind stolz auf ihre Zugehörigkeit zur spanischen Sprachfamilie, doch zugleich sind sie auch stolz auf ihr kubanisches Spanisch. Zum Beispiel ist ein Guajiro ein Bauer oder Provinzler, das Haus heißt Gao, der Paladar ist ein privates Restaurant und mit Guagua wird der Autobus bezeichnet. Wie in allen Sprachen gibt es umgangssprachlich zahlreiche drastische Begriffe. In Kuba ist es »Pinga!« (der Schwanz) für »Schitt, verdammt noch mal!« oder für ähnliche »Ausbrüche«. Beliebt sind Verkleinerungsformen, z. B. beso, besito, besote, bestón – Kuss, Küsschen, dicker Kuss, Schmatz. Häufig unterhalten Kubaner sich laut und schrill, also unterhalten, nicht diskutieren! Kubaner sprechen schnell und verschlucken einzelne Buchstaben. In manchen Vierteln Havannas und Santiagos wird reinster Slang gesprochen, den der gebildete Kubaner nicht versteht. Aber gemach! Das normale Spanisch versteht (fast) jeder Kubaner.

Spanische Botschaft in Havanna

44

CUC VERSUS CUP

Die Doppelwährung

Kuba steht für zahlreiche Superlative, so auch dafür, weltweit das einzige Land mit einer offiziellen Doppelwährung zu sein, die jedoch nicht im Ausland konvertierbar ist.

In der Wirtschaftskrise Anfang der 90er Jahre wurde im Alltag der Dollar wichtiger als der kubanische Peso. Dann wurde sein Besitz verboten, das ließ sich nicht durchsetzen, so wurde er offiziell zugelassen. Das schadete der sich gerade ein wenig erholenden kubanischen Wirtschaft enorm. Da kam die kubanische Regierung auf die Idee, eine neue Währung mit neuen Scheinen und Münzen einzuführen, jedoch ohne die alte Pesowährung (CUP oder Moneda nacional) aufzuheben. Diese neue Währung hieß konvertible Pesos oder CUC. Da die Regierung einen stabilen Kurs zwischen CUC und CUP versus Dollar sowie ihre unbegrenzte Eintauschbarkeit garantierte, verdrängte der CUC alsbald völlig den Dollar. Anfangs konnte mit dem CUC nur in speziellen CUC-Geschäften eingekauft werden, heute jedoch überall mit beiden Währungen. In den Geschäften hängen sogar lange Umrechnungstabellen aus. Nur in den Bodegas kann ausschließlich mit CUP bezahlt werden. Auch auf den Bauernmärkten wird nach wie vor am liebsten mit dem Peso gehandelt, aber bei der Bezahlung in CUC korrigieren die Verkäufer gern die Umrechnung ein wenig zu ihren Gunsten. Die Löhne werden zumeist in Peso ausgezahlt, in etlichen Wirtschaftszweigen (z.B. im Tourismus oder in den Zigarrenfabriken) werden jedoch zusätzlich auch CUC gezahlt. Der Tourist wird kaum jemals einen Peso in die Hand bekommen. Er bekommt auch nichts von den mit einer Doppelwährung verbundenen volkswirtschaftlichen Schwierigkeiten mit. Immer wieder tauchen in den westlichen Medien Spekulationen über eine Währungsreform in Kuba auf, die diese Doppelwährung beenden soll. Dazu wären jedoch umfangreiche Devisenvorräte erforderlich. Kuba besitzt jedoch überhaupt keine Vorräte.

20
PESOS CONVERTIBLES
20
AG03
MONUMENTO A JOSE MARTI
CI
MONUMENTO A ANTONIO MACEO
CINCO PESOS
VEINTE PESOS
pesos convertibles
GARANTIZADO INTEGRAMENTE POR VALORES INTERNACIONALES
CONVERTIBILIDAD. ES CANJEABLE POR DIVISAS LIBREMENTE
CONVERTIBLES EN EL BANCO CENTRAL DE CUBA
653
10
AÑO 2015
BCC

CUEVAS

Kuba unterhöhlt

Überall auf Kuba befinden sich Höhlen, kleine, zum Unterstellen bei Regen, und große, in denen man tagelang kriechen, schwimmen und Boot fahren kann.

Wagemutigen Touristen bietet Kuba ein unerwartetes Abenteuer: Eine längere Höhlenwanderung oder gar die Teilnahme an ihrer Erforschung. Die größte Höhle, Santo Tomás im Gebiet von Viñales, erstreckt sich immerhin über 46 km auf sechs Ebenen. Die bei Touristen beliebteste, weil von Varadero direkt mit einem Touristenbus zu erreichen, ist die Cuevas de Bellamar. Von ihren 23 Kilometern sind nur etwas mehr als drei zu besichtigen, aber mit zahlreichen Stalagmiten (von unten) und Stalagtiten (von oben). Dort kann man auch in einem unterirdischen See baden. In anderen sind Zeichnungen der Ka-

riben zu sehen, in einer wurde das älteste Skelett Kubas gefunden, ca. 7.000 Jahre alt, und in wieder anderen kann man mit einem Boot auf einem unterirdischen See fahren. Einst nutzten entflohene Sklaven die Höhlen als Versteck. Heute nutzt sie die kubanische Regierung zum Geldverdienen. Nach einer Woche Sonnenschein tut die Dunkelheit und die Kälte einer Höhle dem Touristen anscheinend gut. Die Höhlen sind durch das Karst- bzw. das Kalkgestein entstanden, aus dem Kuba besteht. Eine ganz besondere Höhle, die es ohne jeglichen Zweifel unbedingt geben muss, harrt bisher jedoch ihrer Entdeckung: Die Höhle, in der die Piraten ihre Schätze versteckt haben. Wäre ich mutig, würde ich Touristen gegen Bezahlung anbieten, mit mir auf die Suche danach zu gehen. Eine Karte dafür hätte ich schon.

CONDUCIR UN AUTO

Verkehrsregeln unbekannt

Fast alle offiziellen kubanischen Verkehrsregeln entsprechen internationalen Standards, allerdings hat sich dies unter den kubanischen Verkehrsteilnehmern noch nicht herumgesprochen.

Die karibische Mentalität der Kubaner ist unverkennbar, ganz besonders beim Fahren eines Autos, Motorrads, Fahrrads oder einer Pferdekutsche. Kubaner nehmen das Leben leicht, Verkehrsregeln ebenso. Sollte sich unerwarteterweise in kürzester Zeit die Anzahl der Autos auf den kubanischen Straßen verdoppeln, bestünde die Gefahr, dass Fußgänger zu einer aussterbenden Spezies werden. Fahrradfahrer wären innerhalb weniger Wochen sowieso halbiert.

Für den Touristen hier einige wichtige nationale kubanische Regeln: Blinken ist uncool. Wird doch einmal rechts geblinkt, wird links abgebogen. Sicherheitsabstand ist total unbekannt, deshalb bedeutet Vollbremsung unmittelbar Lebensgefahr, weil der Motorblock des hinteren Autos dem Bremsenden ins Genick rutscht. Reißverschlussverfahren ist unmännlich. Ölspur auf der Straße ersetzt Orientierung an Spurlinien. Äste und Blätter ersetzen Warndreiecke. Straßen eignen sich hervorragend zur Autoreparatur, gern auch direkt auf einer Kreuzung. Dosen und Flaschen stören im Auto, raus damit. Stets links fahren, aber rechts überholen. Motorradfahrer sind potentielle Selbstmörder. Fußgänger stören den Autoverkehr, schließlich sind sie selber daran schuld, kein Auto zu besitzen. Dieses Verhalten hat seinen »Preis«. Im Vergleich zu Deutschland hat Kuba eine dreimal höhere Rate an Verkehrstoten. Die einsamen Straßen sind dann jedoch ein Trost für den autofahrenden Touristen.

Avenida Boyeros in Richtung »Plaza de la Revolución"

DOMINÓ

Freizeitbeschäftigung mit Steinen

Trotz Facebook und Youtube ist Domino nach wie vor Kubas beliebteste Familienunterhaltung, gern auch an den zahlreichen warmen Tagen auf der Straße.

Was unternehmen vier kubanische Freunde, wenn sie zusammenkommen? Sie nehmen einen Tisch, vier Hocker, 21 Steine, eine Flasche Rum und spielen Domino. Domino spielen Jugendliche, Frauen und Männer auch gern gemischt, ältere Frauen zumeist allein und Männer im mittleren Alter meistens auf der Straße. Eigenartig: Kinder spielen kaum Domino. Die Regeln sind so einfach, dass sogar nur auf Kartenspiele fixierte Westler diese verstehen würden. Steine werden verdeckt aufgenommen, gesichtet und verdeckt aufgebaut, entweder neun schwarze Punkte auf einem Stein oder gar keinen, ein Stein darf nur

an einen Stein mit derselben Anzahl von Punkten angelegt werden. Die Steine werden auf den Tisch geknallt, drastische Ausdrücke werden gewechselt, wer als Erstes seinen letzten Stein anlegt, hat gewonnen. Die anderen resignieren, rasselnd werden alle Steine gemischt, und los geht es erneut, ohne zu ermüden, nur die Wirkung des Rums setzt ein Ende. Beim Domino können sich engste Freunde bis zur Weißglut anbrüllen. Am nächsten Morgen wissen sie nichts mehr davon. Übrigens gewann ich gleich mein erstes Dominospiel über drei Stunden abends. Ich vermutete einen reinen Zufall, meine kubanischen Freunde vermuteten Santeria (# 136) dahinter. Es geht nicht, dass Fremde aus dem Stand heraus im Domino gegen kubanische Dominoexperten gewinnen können. Versuchen Sie es doch einmal!

48

EDIFICIO FOCSA

750 Wohnungen und das höchste Restaurant Kubas

1956 war es das höchste und modernste Wohnhaus Lateinamerikas, ein Pionier der Stahlbetonkonstruktion, es ist immer noch eine Attraktion, aber nie wieder in Kuba erreicht.

Das »Focsa«-Haus, benannt nach den Initialen seines Bauunternehmens, ist einer der modernen architektonischen Höhepunkte Havannas. Zwischen 1954 und 1956 wurde es in V-Form errichtet. Zur Zeit seiner Entstehung war es mit ca. 750 Wohnungen bzw. Apartments verteilt auf 32 Stockwerke das größte Apartmenthaus Lateinamerikas und einer der weltweit bemerkenswertesten Stahlbetonbauten. Bis heute zeugt es vom architektonischen Verstand und vom technischen Wagemut seiner Erbauer und zugleich auch von dem in Havanna angesammelten Reichtum zwei Jahre vor der Revolution. Nie wieder wurde Ähnliches in Havanna unternommen. Als profanes Gebäude verrät es mehr über die fünfziger Jahre in Kuba als alle sonstigen Denkmäler oder repräsentativen Bauten zusammen. Obgleich sein heutiger Zustand beklagenswert ist, bleibt es ein grandioses Unikat. In seinem obersten Stock befindet sich das staatliche Restaurant »La Torre« sowie eine Bar. Ein Fahrstuhl führt direkt hinauf. Von keinem anderen Bauwerk hat der Besucher einen eindrucksvolleren Blick über die Bucht sowie über die Häuser, die Straßen und die Parkanlagen Havannas. Wie ein Panorama breitet sich Havanna vor ihm aus. Zugleich ist es mit seinen aufgesetzten Turmgeschossen auch als markanter Punkt aus allen Richtungen zu erkennen.

»Focsa-Haus«, im Vordergrund das Hotel »Nacional«

EDIFICIOS DE MICRO

Original DDR-Plattenbauten

Sie sind keine architektonische Schönheit, sie sind überhaupt keine Schönheit, aber in allen Teilen des Landes wohnen Menschen in ihnen.

Die fünfgeschossigen Plattenbauten, die zahlreiche der europäischen Besucher aus ostdeutschen und osteuropäischen Städten kennen, werden in Kuba ironisch »russischer Konstruktivismus« genannt. Ihre Konstruktion geht jedoch auf eine Erfindung der DDR zurück, die für deren wichtigstes Baumaterial auch die damals größte Zementfabrik Kubas bauten. Für hunderttausende kubanischer Familien waren sie eine Erlösung aus ihrer Wohnungsnot. Überall, wo inmitten der Städte oder an deren Rändern ein Bauplatz lag, mit leichtem Zugang zur Wasserversorgung und der Entsorgung des Brauchwassers sowie zur Elektrizität, wurden sie errichtet. In den Vororten Havannas waren zahlreiche Straßen von kleinen Parks eingesäumt, an deren Stelle stehen heute Plattenbauten. Nach dem Zusammenbruch der Sowjetunion und der DDR wurden keine neuen mehr gebaut. Jeder Besucher, der durch Kuba fährt, wird sie zu Gesicht bekommen; die wenigsten werden jedoch eine der Wohnungen in ihnen erleben. Während in Havanna zahlreiche alte Häuser sowie ganze Straßenzüge der Altstadt restauriert wurden, sieht man den Plattenbauten ihre 40 bis 50 Jahre an. An ihren Fassaden zieht sich schwarzgrauer Schimmel entlang und ihre Balkone sind vergittert. Die Fenster sind seit ihrem Bau mit Metalllamellen verkleidet, ohne Glas und ohne Klimaanlagen. Bei Hitze, und in den unteren Geschossen auch wegen der Mücken, müssen sie fast ständig zugeklappt bleiben. Nur wenig Tageslicht dringt hinein, sodass das elektrische Licht fast immer angeschaltet bleiben muss. Sie sind keine touristischen Sehenswürdigkeiten, aber kubanische Realität.

EL BLOQUEO
Das US-Embargo

Für die USA war und ist es bis heute ein Wirtschaftsembargo, für die kubanische Regierung ist es generell eine Blockade.

Bloqueo ist einer der häufigsten Begriffe in den kubanischen Medien. Stets wird damit jegliche Schwierigkeit im kubanischen System begründet. Gemeint ist das seit 1961 bestehende Wirtschaftsembargo der USA, welches die USA nach der Enteignung des amerikanischen Besitzes auf Kuba gegen das Land verhängte. Es ist das weltweit am längsten bestehende Embargo. Es wurde mehrfach verschärft, unter Obama teilweise entschärft, und unter Trump erneut verschärft. Laut der kubanischen Regierungspropaganda ist es für den wirtschaftlichen Rückstand Kubas verantwortlich. Es wird als der größte Genozid der Geschichte bezeichnet. Heute gehen die Kubaner damit ironisch um, z.B. die Frage: »Warum können die Löcher in unseren Straßen nicht beseitigt werden? Die USA

liefern uns keinen Sand.« Niemals hat dieses Embargo den USA auch nur den allerkleinsten politischen Ertrag gebracht. Inzwischen wird es von fast allen anderen Staaten abgelehnt. Viele Jahre schadete es den USA politisch mehr als Kuba wirtschaftlich. In den ersten zwei, drei Jahren hat es Kuba erheblichen Schaden zugefügt, aber dann ersetzte die Sowjetunion die USA als den wichtigsten Handelspartner Kubas. Bis zu deren Zusammenbruch war die Abhängigkeit von der Sowjetunion größer als die von den USA vor der Revolution. Ökonomisch beeinträchtigt es Kuba heute vor allem bei Finanztransaktionen. Würden die USA es aufheben, was auch in deren Interesse wäre, würde für die kubanische Regierung ein entscheidendes ideologisches Argument nach innen entfallen. Wirtschaftlich würde dies Kuba kaum helfen, zumindest nicht kurzfristig, denn Kuba produziert nichts mehr, was es in die USA exportieren könnte.

EL PAQUETE

Fernsehen auf externer Festplatte

Die »Pakete« sind externe Festplatten, auf denen findige junge Kubaner TV-Serien, Musikprogramme, Filme, Shows und anderes für das private Heimkino verkaufen. Größtenteils sind dies Kopien aus spanischsprachigen amerikanischen und von Fernsehkanälen anderer spanischsprachiger Länder.

Es klingelt an meiner Gartentür. Ob ich Interesse an einem Paket hätte? Ich erwarte kein Paket. Nein, nein, eine Festplatte mit Filmen und Shows und Ähnlichem. Ein Terabyte kostet einen CUC, wenn ich jede Woche eines abnehmen würde. Die Hälfte meiner Straße kauft derartige »Pakete«, meistens wird dabei eine externe Festplatte übergeben und einen Tag später kommt dieses aktualisierte Paket wieder zurück. Kubaner sind findig! Irgendwo in Havanna sitzt ein Freak, der sich einen Zugang zu Sky oder anderen Anbietern gebastelt hat und damit diese Pakete zusammenstellt. Es ist auch möglich, Wünsche für spezielle Bereiche anzugeben, nur für Sport oder nur für amerikanische Serien. Ein »Geschäftsmann« verkauft diese an Zwischenhändler und dieser an Einzelhändler. Nicht teuer, die Masse der Kunden macht's. Alles ist illegal, das Herunterladen, das massenhafte Kopieren und der gesamte Vertrieb. Die Polizei weiß dies, aber deren Familien wollen auch anderes Fernsehen sehen als immer nur das staatliche, und so flimmern in den kubanischen Wohnzimmern amerikanische Filme, bevor diese ins westliche Kino kommen, gleichfalls Serien, die in Europa noch unbekannt sind, und lateinamerikanische Shows, an denen bei uns niemand Interesse hätte. Einige verdienen daran und alle sind glücklich. Kuba ist kein Mitglied der Urheberschutzkonvention, deshalb könnten alle kubanischen Filme und Fernsehproduktionen ebenfalls kopiert werden, aber was davon und von wem und für wen?

EL TIEMPO

Sonnenschein über Kuba

Die Wettervorhersage im kubanischen Fernsehen gehört zu den treffsichersten der Welt. Nur bei Regen trifft die Vorhersage selten zu. Auf Kuba scheint fast immer die Sonne.

Kein Tourist besucht Kuba wegen des Regens. Eventuell einige Abenteurer vielleicht noch wegen eines Hurrikans, wenn dann der Flieger geht. Die höchsten Temperaturen werden im Osten Kubas erreicht, aber auch dort nur maximal 35 Grad. In Havanna und in Varadero liegen sie im Sommer um die 32 und in der nicht so ganz kalten Jahreszeit selten unter 28 Grad. In Kuba gibt es auch die vier Jahreszeiten, von denen jedoch nur der Winter zu spüren ist, wenn es nachts auch schon mal zehn Grad werden kann, plus wohlgemerkt. Tagsüber bleibt es jedoch über 20 Grad. So richtig heiß, wie im Sommer in Spanien oder in der Türkei, wird es auf Kuba nie. Das Meer hat immer wenigstens 25 Grad, aber vom Frühjahr bis in den Herbst hinein gut 28. Übrigens ist das die richtige Badetemperatur für Kubaner, bei 25 Grad kriegt die niemand ins Wasser, ab 28 bleiben sie auch schon mal ein, zwei Stündchen drin, mit einer Flasche Rum. Die Luftfeuchtigkeit liegt zumeist zwischen 60 und 70 Prozent, ist aber an der Küste durch die ständigen leichten Winde durchaus erträglich.

Der Osten Kubas ist generell wärmer und trockener als der Westen. Aber wenn es dann doch einmal unerwartet regnen sollte, bieten sich verschiedene Möglichkeiten an. Zuerst lange schlafen, dann sich ausgiebig an den Hotelbuffets laben, lesen und sich im Urlaub auch mal miteinander beschäftigen. In Havanna oder in Santiago bieten sich etliche großartige Museen an, einige davon sind sehr skurril. Shoppen bietet sich nicht an, es gibt in Kuba kaum geeignete Malls oder gut ausgestattete Einkaufszentren. Das spart wenigstens Geld, und außerdem scheint die Sonne sowieso bald wieder.

Meteorologische Station im Stadtteil Casablanca in Havanna

EL ÚLTIMO

Der Letzte in der Schlange

Das Anstellen in einer Schlange nimmt einen erheblichen Teil der Zeit eines Kubaners in Anspruch. Dafür gibt es eine einfache Regel, und die wird erstaunlicherweise fast immer eingehalten.

Für eine Schlange hat der Kubaner zwei Begriffe, für eine tierische »serpiente« und für eine menschliche »cola«. Wenn ein Tourist sich im Urlaub nicht aus dem Hotel herausbewegt, bekommt er eine wesentliche kubanische Eigenschaft nicht mit: Das Anstellen vor einem Geschäft, einer Behörde, einem Kartenschalter oder vor der Cadeca. Eigentlich stellt sich der Kubaner überall an. Sieht der Kubaner drei Menschen vor einem Geschäft stehen und bekommt auf seine Frage, was dort verkauft wird, keine Antwort, stellt er sich vorsichtshalber auch an. Angesichts des gelegentlich überschäumenden Temperaments der Kubaner ist es einigermaßen erstaunlich, wie gesittet es in einer solchen Schlange zugeht. Kommt der Kubaner an das Ende einer Schlange, fragt er als Erstes »El Último?« – »Wer ist der Letzte?« Die Antwort kommt prompt und bei der Frage des nächsten Kunden antwortet er: »Yo« – »Ich!« Dabei ist es entscheidend, sich immer die Person vor einem zu merken. Oft geht der Letzte auch mal schnell an das Schaufenster, oder er sieht einen Bekannten, mit dem er sich austauschen möchte. Kommt er dann zurück und findet seinen Vordermann, kann er sich problemlos wieder in die Schlange einreihen. Beim Anstellen in einer Schlange geht es in Kuba gesitteter zu als in vielen europäischen Ländern. Manchmal dauert das Anstellen aber auch schon eine Stunde und länger. Kubaner haben Geduld, es passiert ja eh nichts.

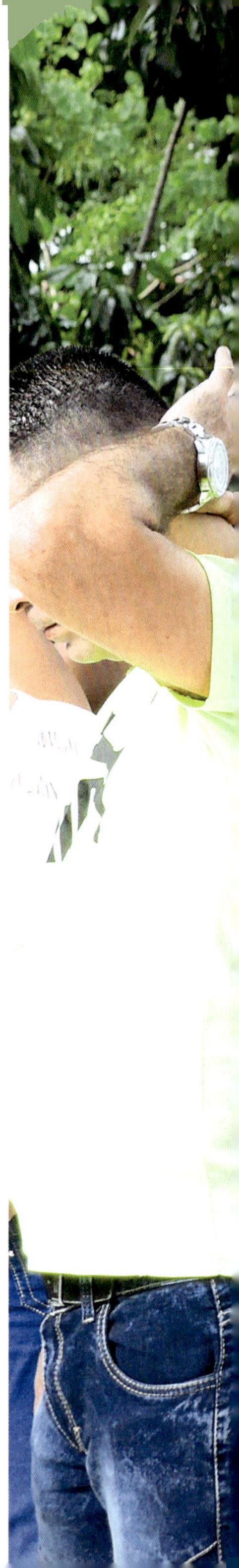

Warteschlange vor dem berühmtesten Eiscafé Kubas, dem »Coppelia« in Havanna

EMBAJADA DE RUSIA

Das hässlichste Gebäude der Welt

Kuba geizt nicht mit seinen Superlativen, die ehemalige sowjetische und heutige russische Botschaft gehört garantiert dazu, deshalb ist sie eine Sehenswürdigkeit.

Einige Architekturmagazine veröffentlichen regelmäßig Rankinglisten mit den besten Gebäuden der Welt. Eine ganz andere Liste ist echt skurril. Sie enthält die zehn hässlichsten Gebäude. Unter diesen zehn befindet sich stets ein Gebäude in Havanna, das derartig potthässlich ist, dass es schon wieder zu den Sehenswürdigkeiten dieser Stadt gehört. Es ist die russische Botschaft, die früher die sowjetische war, errichtet als Monstrum zwei Jahre vor dem Zusammenbruch des sowjetischen Imperiums. Ihr Inneres ist geheimnisumwoben. Zwar hatte die Sowjetunion dieses Gebäude als Botschaft gebaut, aber seine Hauptfunktion bestand in der Demonstration der sowjetischen Macht in Kuba. Von der Botschaft aus sollte auch die kubanische Regierung kontrolliert werden. In seinem Turm, der aus einem abstrusen Roboterfilm zu stammen scheint, soll sich eine enorme Abhörstation verbergen. Die Botschaft besteht aus einem Gebäudekomplex, der mehr einem riesigen Zuchthaus ähnelt als einer einladenden Botschaft. Bereits der grau-dunkle Beton seiner Fassaden wirkt abweisend. Wie viele sowjetische Mitarbeiter früher darin arbeiteten und wie viele Russen heute, ist unbekannt; mehr als einige Dutzend werden es bei den gewaltigen Ausmaßen des Gebäudes sicherlich sein. Dreißig Jahre nach seiner Entstehung ruft das Gebäude beim Betrachter nur noch Heiterkeit hervor. Ein Glanzpunkt der sozialistischen Stadtplanung ist sein Standort, es befindet sich ausgerechnet am Ende der traditionellen Prachtallee Havannas, der 5. Avenida, mit ihren zahlreichen vorrevolutionären Schlösschen und Villen.

SUS COMPRAS EN LINEA,
LAS DISTANCIAS
www.supermercado70.co

ESCLAVOS
Last der Vergangenheit

Das heutige Kuba wäre ohne die Verschleppung von Sklaven aus Westafrika nicht denkbar. Aufgrund der freien Nachfahren der Sklaven sind Gesellschaft und Kultur Kubas heute unglaublich vielfältig, aber die Schande der Knechtschaft ist bis heute eine Bürde geblieben.

Die indigene Urbevölkerung Kubas wurde von den Kolonialisten teilweise ausgerottet, teilweise ging sie an eingeschleppten Krankheiten zugrunde. Auch die Hälfte der Spanier starb innerhalb der ersten fünfzig Jahre an Krankheiten, gegen die sie nicht immun waren. Innerhalb der folgenden 300 Jahre wurden zwischen 600.000 und 800.000 Sklaven (grobe Schätzung) aus verschiedenen Gebieten Westafrikas nach Kuba verschleppt. Pro Jahr also durchschnittlich ein- bis dreitausend, aber mit erheblichen Schwankungen innerhalb dieses Zeitraums. Hauptursache war

die Ausdehnung des Anbaus von Zuckerrohr. Eine Besonderheit Kubas gegenüber den meisten Inseln der Karibik bestand darin, dass die Spanier den Nachkommen von weißen Männern und schwarzen Frauen, den Mulatten, weitreichende Möglichkeiten zur Entlassung aus der Sklaverei einräumten. Deshalb verfügte Kuba schon frühzeitig über einen starken Bevölkerungsanteil von freien Mulatten, die in den Städten lebten. Als einem der letzten Länder der Welt wurde auf Kuba, nach etlichen vorherigen Erleichterungen, erst 1886 endgültig die Sklaverei beendet. Zahlreiche Diskriminierungen in Gesellschaft, Kultur und Wirtschaft bestanden jedoch weiter. Derartige Diskriminierungen gab es aber nicht nur zwischen Weiß und Schwarz, sondern auch zwischen den hellbraunen Mulatten und den tiefschwarzen Kubanern. Manche von ihnen bestehen auch heute noch latent weiter.

Frühere Sklavenbaracken mit Wach- und Glockenturm im Dorf »Mexico«, Provinz Matanzas

F.A.C.
Eine Kunstsensation

Kunst benötigt Freiheit, in Diktaturen hat die Kunst es schwer, umso bewundernswerter ist die Fabrica de Arte als einzig echter Kunsttempel in ganz Kuba.

Ursprünglich befand sich in dem Gebäude eine Speiseölfabrik. Als ihre Produktionsanlagen nicht mehr zu reparieren waren, wurden die Hallen entkernt und moderten vor sich hin, bis in ihnen eine Gruppe kubanischer Künstler mit exzellenten Kontakten zur Regierung ihre Idee von einem Gesamtkunstwerk verwirklichen konnte. Allerdings nur mit Hilfe des Geldes eines argentinischen Geschäftsmanns, der zugleich Künstler ist, in der israelischen Armee gedient und in Havanna einen ausgedehnten Bürokomplex hochgezogen hatte. In den Hallen wird Theater gespielt, klassische Musik und Tanz inszeniert, Jazz- und Popkonzerte aufgeführt, Filmklassiker vorgeführt, Mode präsentiert und immer wieder wechselnde Ausstellungen mit grandiosen Fotographien, absonderlichen Gemälden und abgefahrenen Installationen gezeigt. Selbstverständlich gibt es nach 24 Uhr für das Publikum jeden Alters eine Disco, dunkel und laut. Gerichte aus allen Kontinenten, Getränke aller Art und eine Zigarrenlounge sind inbegriffen. Allerdings ist eine Kunstgattung nicht vertreten, die literarische, was seinen Grund in den engen Grenzen der Literatur eines kommunistischen Systems hat. Die F.A.C. wäre in jeder europäischen Hauptstadt eine absolute Sensation. Amerikanische Geschäftsleute in Sachen Kunst ärgern sich grün und blau, dass sie nicht selber auf eine solche Idee gekommen sind. Die Hallen sind von Donnerstag bis Sonntag ab 20 Uhr geöffnet. Ab 23 Uhr zieht sich eine Warteschlange um den Gebäudekomplex.

FRI OCT 4
MON MAY 19

FELICIDADES
Glückwünsche

Es gibt auf Kuba nur wenige Tage im Jahr, an denen nicht irgendwelche Glückwünsche ausgesprochen werden, aber nicht so oberflächlich wie oft bei uns, sondern heiß und inniglich.

Dies ist das Kapitel exklusiv für Kubanerinnen, denn die kubanischen Frauen können von Glückwünschen gar nicht genug bekommen. Kuba hat weitaus mehr Feiertage als die meisten Staaten Europas, rechnet man noch die inoffiziellen hinzu. Für die kubanischen Männer kann dies zu einer Tortur werden, denn an den wichtigsten Tagen scheint das gegenseitige Beglückwünschen gar kein Ende nehmen zu wollen: Geburtstag, Weihnachten, Neujahr, Heilige Drei Könige, Valentinstag, Frauentag, Pioniertag, 1. Mai, Muttertag, Vatertag, Kindertag. Das Zuwinken und Zurufen, das Begrüßen und Umarmen, das Abschmatzen und dabei das Wechseln von einer auf die andere Wange, und das den ganzen lieben langen Tag, das kann einen Mann ganz schön schlauchen. Die Kubanerinnen hingegen fühlen sich dabei pudelwohl. Sie haben eine Glückwunsch-Manie und wenn die Männer wenigstens so tun, als folgten sie ihnen dabei willig, sind sie selig. Es ist die schönste Manie der Welt, bei der Geschenke keine Rolle spielen. Der fremde Besucher sollte dabei mitmachen, dann ist ihm die Anerkennung der kubanischen Frauen sicher, so viel Freude und Glückseligkeit in einem Moment wird er in seinem Leben nur selten wieder erfahren. Auch im Hotel sind die Zimmerfrauen, die Rezeptionistinnen und die Kellnerinnen echte Kubanerinnen. Das sollten die Touristen nicht vergessen, manchmal spart es das Trinkgeld.

Resultat der Tortenschlacht eines Geburtstages

FERIA

Märkte, wo es alles gibt

Selbst in den schlimmsten Zeiten gab es sie, heimlich und versteckt, heute offiziell, die Märkte, auf denen jeder, der eine Lizenz vom Staat erworben hat, alles verkaufen kann, solange er es nicht illegal erworben hat, was jedoch die Ausnahme ist.

Ich suche einen Wasserhahn für den Wasseranschluss in meinem Garten. In den staatlichen Ferreterías (entfernt mit unseren Baumärkten zu vergleichen) ist keiner zu bekommen. Ich fahre zu einer Feria. Eine Ansammlung offener Buden mit Blechgestellen, kleine Auslagen: Elektroinstallationen, Plastik, lebende Vögel, Nägel und Schrauben, Elektro- und Metallwerkzeuge, Spenglermaterialien, einer repariert Uhren, ein anderer Schuhe, ein dritter Feuerzeuge, ein vierter Gürtel, ein fünfter Schmuck, alles ist möglich. Ich finde meinen Wasserhahn, vorsichtshalber schraube ich ihn zu und versuche, Luft hindurch zu blasen, er ist dicht, gekauft und ein kubanisches Problem ist gelöst. Ich bin sicher, mein Wasserhahn ist irgendwo aus einem staatlichen Lager abhandengekommen, vielleicht auch zufällig von einem Lkw gefallen oder in einem Hotel verloren gegangen.

Ab und an taucht ein staatlicher Inspektor auf, um die Lizenzen und die Herkunft der Waren zu überprüfen. In Sekundenschnelle sind 90 Prozent der Waren auf dem Markt auf geheimnisvolle Weise verschwunden. Benötigt der Inspektor aber selber einen Wasserhahn, kündigt er sich vorher an. Ironie der Geschichte: Nur durch derartige Ferias funktioniert die Versorgung auf Kuba, zumindest teilweise, ohne sie wäre es zappenduster. Für meine Frau ist diese Feria uninteressant, aber daneben gibt es genau dieselbe, nur mit Bekleidung, die aber interessiert mich nicht.

Markt »La Palma« im Stadtteil Arroyo Naranjo in Havanna

59

FERIA DE SAN JOSÉ

Handwerkerkunstmarkt

Er ist der wichtigste Markt für Touristen in Havanna, direkt neben der Anlegestelle der Kreuzfahrtschiffe, andere Touristen werden mit Bussen zu ihm gekarrt, erlebenswert ist er allemal.

An zahlreichen Stellen Havannas, die von Touristen frequentiert werden, existieren kleine Märkte, zumeist Auslagen auf einem Klapptisch und darüber eine Plastikplane gegen Sonne und Regen, eng gedrängt. Sie bieten alles an, was ein Tourist gerne kauft, zu Hause den Freunden präsentiert und nach einem Jahr, von Staub bedeckt, entsorgt. Vielleicht nicht der ausdrucksvoll gestaltete Humidor, so Mann denn Zigarrenraucher ist, oder die schicke originale Ölfarben-Leinwand mit Motiven aus Havanna bzw. mit Farbklecksen von abstrakter Kunst, so Frau gern Deko mag, aber alles andere ist reinster Touri-Kitsch. Das mag eine sehr ungerechte Beschreibung sein, denn im größten Markt Havannas (auch Feria de Artesanía genannt) drängen sich die Besucher und das Geschäft floriert. Als der Hafen Havannas noch blühte, stapelten sich in der weitgestreckten Lagerhalle Zuckersäcke, Tabakballen oder Rumfässer. Jetzt wird nicht mehr gestapelt, sondern sich zwischen den eng an eng stehenden kleinen Verkaufsbuden gedrängelt. 500 sollen es sein. Verlässt ein Besucher die Halle, ohne auch nur ein einziges Mitbringsel erworben zu haben, hat er einfach nicht lange genug gesucht. Es gibt hier nichts, was nicht angeboten wird, manches auch heimlich, wie angeblich echte Zigarren. Der Tourist ist glücklich und die Verkäufer ebenfalls. Wie heißt das im sozialistischen Kuba im schönsten Business Englisch? Win-Win-Situation!

LA BODEGUITA DEL MEDIO
Havana Club

FIDEL Y RAÚL
Die Oberhäupter

Jede Dynastie geht einmal zu Ende, auch wenn sie einst die Welt bewegte. Heute lebt sie nur noch von der Legende.

Es waren einmal drei Brüder. Der Älteste folgte dem zweiten treu politisch, blieb aber der Landwirtschaft verbunden und starb mit 91. Der zweite wurde Revolutionär, war fast 50 Jahre lang Diktator und starb mit 90. Der dritte folgte politisch und militärisch immer dem zweiten, gelangte mit 77 Jahren an die Spitze des Landes und lebt noch mit 88 Jahren. Drei Brüder, eine Familie, eine Dynastie? Nein! So einfach ist es auf Kuba nicht. Ramon Castro mischte sich niemals in die Politik seines Bruders Fidel ein. Raúl kommandierte zwar die Armee, war aber klug genug, sich im Hintergrund zu halten. Als der »Máximo Líder« (der größte Führer) langfristig erkrankte, nutzte er die Chance zur Macht. Fidel hatte niemals einen seiner Söhne als seinen Nachfolger aufgebaut, dafür hielt er viel zu viel von sich selber, als dass er einem anderen Menschen auch nur annähernd Ähnliches zugetraut hätte. Nach der Revolution führte er Veränderungen in Kuba selten weitsichtig durch, sondern immer nur dann, wenn die politischen oder wirtschaftlichen Umstände ihn dazu unmittelbar zwangen. Raúl hat weder das Charisma noch den absoluten Glauben an die eigene Unfehlbarkeit seines Bruders. Das ermöglichte ihm, ab 2011 in der Wirtschaft kleinkapitalistische Betätigungen zuzulassen und in der Politik mit den USA zu verhandeln, allerdings ohne das Land damit grundlegend zu reformieren. Damit ist ein wenig mehr wirtschaftliche Freiheit in Kuba eingezogen. Unter Wissenschaftlern und Politikern ist es höchst umstritten, ob damit die kubanische Wirtschaft tatsächlich verändert werden kann. Mit Raúl wird das Geschlecht der Castros nicht erlöschen, wohl aber seine Macht über Kuba. Allerdings weiß man nie, wie lange Legenden überleben werden.

NIKOLAI S.
LEONOV
RAUL CASTRO
Juan Carlos Rodríguez
GIRON
La batalla inevitable

con
el
PCC
IDEL y RAUL
siempre

FORTALEZAS

Festungen pur

Festungen umrunden quasi ganz Kuba. Sie sollten Piraten, Franzosen und Engländer von Havanna fernhalten, manchmal halfen sie nicht, aber wenn doch, wurden sie nie angegriffen.

Hoch über der Hafeneinfahrt von Havanna ziehen sich an den Hängen eines Felsens gewaltige Festungsmauern entlang. Die etwas kleineren gehören zur Festung Morro, 1630 gebaut, die größeren sind die der »Fortaleza San Carlos de la Cabaña«. Sie wurde 1774 fertiggestellt, dreißig Jahre später begann das Ende des spanischen Kolonialreiches in Süd- und Mittelamerika. Die stolzeste und größte und wehrhafteste Festung Spaniens hatte keine Funktion mehr, aber das Geld dafür war weg, doch Kuba war um eine Attraktion reicher geworden. Allerdings trat diese Attraktion erst vor drei Jahrzehnten

ihren Dienst an. Nach der Revolution wurde die Cabaña erst einmal zum größten Gefängnis Kubas umgestaltet.

Kein einziges lateinamerikanisches Land weist derartig viele und zugleich mächtige Festungen wie Kuba auf. Von Baracoa und Santiago im Osten, über Cienfuegos und Matanzas im Süden bis nach Havanna und Artemisa im Westen war Kuba eine schwer befestigte Insel. Auch die längste Befestigungsanlage Amerikas, die Trocha, befindet sich in Kuba, allerdings sind heute davon nur noch Überreste vorhanden.

Die meisten Festungen hingegen sind ordentlich erhalten, sie waren ja auch stabil gebaut. Für Liebhaber alter Festungen, eiserner Kanonen und imposanter Mauern ist Kuba ein lohnendes Ziel, wie kaum ein anderes weltweit. Alle übrigen Besucher werden in jedem Fall eine Festung finden, die in ihre Kamera passt.

Festung »El Morro« an der Hafeneinfahrt Havannas

GOLF
Stark im Kommen

Gemessen an der Anzahl der Plätze ist Golf bei uns schon fast zu einem Breitensport geworden. Kuba hat diese internationale Entwicklung verpasst. Unter dem Druck der Touristen versucht es jetzt aufzuholen.

Vor der Revolution war Golf in Kuba, wie damals überall in westlichen Ländern, mit Ausnahme Schottlands, eine Freizeitbeschäftigung der Oberschicht, allerdings wurde der Sport auch bereits von amerikanischen Touristen betrieben. Zu dieser Zeit standen ihnen acht Plätze zur Verfügung, vier in Havanna und vier in anderen Städten. Für lateinamerikanische Verhältnisse war das viel. Heute sind davon noch zwei übriggeblieben. Einer liegt am Rande Havannas, in der Nähe des Flughafens. Er wird zumeist von Diplomaten der Hauptstadt genutzt, die ihn schnöde als Acker beschimpfen. Der andere befindet sich in Varadero, landschaftlich eindrucksvoll direkt zwischen dem Atlantik und der Bucht von Matanzas gelegen. Von der Straße aus können Touristen zuschauen, wohin die Golfbälle fliegen.

Kuba ist wahrscheinlich weltweit das einzige Land, in dem die Anzahl der Golfplätze drastisch reduziert wurde. Einst stand dies als Beleg für die Errungenschaften der Revolution. Das Volk sollte keinem aristokratischem Sport huldigen, sondern einem volksnahen, vor allem sollte es Baseball spielen. Heute ist die mickrige Anzahl der Golfplätze ein Rückstand im internationalen Wettbewerb um die Touristen, beispielsweise gegenüber der Dom. Rep., wo ausgedehnte Golfresorts locken. Die Regierung hat das erkannt, mehrere Golfplätze sind geplant, darunter einer in Pinar del Río und ein weiterer bei Cienfuegos, aber das dauert, denn wer soll es bezahlen?

Golfplatz in Varadero

GRAN TEATRO DE LA HABANA

Eindrucksvoller historischer Kitschklotz

Unübersehbar steht direkt am zentralen Platz von Havanna ein riesiger Theaterbau. Bestens restauriert ist er ein Anziehungspunkt für alle Besucher.

Bereits frühzeitig war die kreolische Oberschicht in Havanna selbstbewusst und kunstbeflissen. 1838 wurde am damaligen Rand Havannas, heute an seinem zentralen Platz (Parque Central), das erste Theater Mittelamerikas errichtet, Gran Teatro Tacón. Mit ihm erfuhr das Theaterleben einen Aufschwung, der über einhundert Jahre lang anhielt. Sprechtheater, Singspiele, Oper, Konzerte, Tanzshows, alles wurde geboten. Während der Erste Weltkrieg Europa verheerte, wurde 1915 das Theater grundlegend umgebaut. Damals war es eines der weltweit größten Opernhäuser und gehörte zu den berühmtesten Theaterbauten in ganz Amerika. Zahlreiche der besten Künstler ihrer Zeit traten hier auf: Enrico Caruso, Sarah Bernhardt, Anna Pavlova, Arthur Rubinstein, Sergej Rachmaninow u.v.a. Nach dem Ersten Weltkrieg lockte

der günstige Dollarkurs die europäische Theaterelite nach Havanna. In seinem Stil des Neobarock, mit vielen verspielten architektonischen Details, ist es keine architektonische Sensation, sondern eher Kitsch. Aber Vorsicht! Nach hundert Jahren verändert sich die Wahrnehmung, aus Kitsch wird eine Attraktion, und das ist dieses Gebäude heute auf jeden Fall. Seit den fünfziger Jahren trat hier die einzige Theaterkünstlerin Kubas von Weltruhm auf, die Primaballerina Alicia Alonso. Nach der Revolution blieb sie in Kuba und tanzte in ihrem Theater weiter. Da sie weder emigrierte noch den kubanischen Sozialismus kritisierte und Weltruhm genoss, wurde sie zur Vorzeigekünstlerin der Regierung, allerdings auch tief verehrt von den kubanischen Theaterliebhabern. Deshalb wird an den Namen des Theaters auch noch der von Alicia Alonso angehängt. Die heutigen Ballettaufführungen sind klassisch ausgerichtet und fast immer so altertümlich wie das Gebäude.

64

GRANMA

Großmutter der kubanischen Regierungszeitungen

Ein altersschwaches Schiff strandet, schreibt Geschichte und lebt in der wichtigsten Zeitung Kubas weiter.

1957 hielt sich Fidel Castro im mexikanischen Exil auf, um von dort aus Kuba vom Diktator Batista zu befreien und selbstverständlich als einzige fähige Persönlichkeit Kuba in eine strahlende Zukunft zu führen. Um sich herum scharte er fast einhundert ihm treu ergebene und kampfbereite Streiter, mit denen er nach Kuba übersetzen wollte. Die mexikanische Polizei kam ihnen auf die Schliche, in aller Eile kaufte Castro mit dem ihm von einem früheren kubanischen Präsidenten zur Verfügung gestellten Geld einem amerikanischen Ehepaar ihre altersschwache Jacht »Granma« (Großmutter) ab und los ging es. Die Granma verfuhr sich, strandete und von den 82 Kämpfern überlebten nur zwölf (es gibt dazu abweichende Angaben). Diese konnten sich ins nahe Gebirge Sierra Maestra flüchten.

Nach Pleiten über Pleiten geschah das Unglaubliche: Die Rebellen siegten. Ende 1965 schuf sich die gerade wiedergegründete Kommunistische Partei ein sogenanntes »Zentralorgan« und nannte es zur ewigen Erinnerung an diesen schicksalshaften Kahn »Granma«. In allen Provinzen Kubas gibt es regionale Ausgaben davon mit unterschiedlichen Namen, auch Zeitungen des Jugendverbandes und der Gewerkschaften sowie auch Wochenzeitschriften. Alle richten sich bis ins Detail hinein politisch nach der Granma, ebenso die Fernsehnachrichten. Sie wird auch in anderen Sprachen online gestellt. Von Montag bis Samstag kostet sie 20 Centavos, weniger als einen Cent und umfasst nur acht kleinformatige Seiten in Schwarz-Weiß.

Granma

ÓRGANO OFICIAL DEL COMITÉ CENTRAL DEL PARTIDO COMUNISTA DE CUBA

Recibió Díaz-Canel al Secretario General del Frente para la Liberación de Mozambique

El compañero Silva Samuel agradeció una vez más la cooperación brindada por Cuba. FOTO: ESTUDIOS REVOLUCIÓN

El Presidente de los Consejos de Estado y de Ministros, Miguel Díaz-Canel Bermúdez, recibió en la mañana de este lunes al Secretario General del Frente para la Liberación de Mozambique (Frelimo), Roque Silva Samuel, quien visita nuestro país al frente de una delegación de su Partido.

Durante el cordial encuentro, dialogaron sobre la positiva marcha de las relaciones bilaterales y las perspectivas para su fortalecimiento. Díaz-Canel trasladó sus mejores deseos al Gobierno y pueblo de Mozambique, enfrascados en las labores de recuperación de los daños causados por el huracán Idai. El compañero Silva Samuel agradeció una vez más la cooperación brindada por Cuba.

Acompañaron al distinguido visitante, Chakil Aboobacar, miembro del Secretariado del Comité Central del Frelimo para las Relaciones Exteriores, y Eliseu Joaquim Machava, embajador de Mozambique.

Por la parte cubana, participaron Bruno Rodríguez Parrilla, miembro del Buró Político y ministro de Relaciones Exteriores, y Juan Carlos Marsán Aguilera, vicejefe del Departamento de Relaciones Internacionales del Comité Central del Partido Comunista de Cuba.

Tienen la palabra los obreros

ABEL REYES MONTERO

Motivado por el cumpleaños 80 de la Central de Trabajadores de Cuba (CTC), e inmerso en la batalla económica que libra el país por la eficiencia y la productividad en todos sus renglones, el gremio sindical cubano ultima detalles de cara al XXI Congreso Obrero, a celebrarse del 19 al 24 de abril en el Palacio de Convenciones de La Habana.

De acuerdo con Consuelo Baeza Martín, miembro del Secretariado Nacional de la CTC, las sesiones de debate estarán divididas en cinco comisiones, donde se dialogará sobre el funcionamiento sindical para elevar el liderazgo de la organización en el cumplimiento de sus misiones; el aporte de los trabajadores a la eficiencia que demanda la economía del país; el crecimiento y diversificación de las formas de gestión no estatal, y la labor política e ideológica, así como la representación y defensa de los derechos y deberes de los trabajadores.

«(...) nuestra simpatía y solidaridad con los trabajadores de Cuba, y esperamo[s] reúnan allí también no solo los trabajadores, sino que se reúna todo el pueblo, po[r] trabajadores debe ser el día de todo el pueblo (...)».

Dando dando

Cuentan que eran la mañana cuando ... ción de moda com... diarse al unísono ... emisoras del país. ... por poco tiempo ... música con acent... se escuchó, pues un ... lencio dio paso a los acordes del Himno al llamado que sac... nación: «¡Atención, ¡Atención! Es el 26 llamando a la Huel... ral Revolucionaria. ... cubanos. Desde este ... to comienza en toda ... lucha final que solo ... rá con el derrocamie... dictadura...». Era el ... de 1958.

GUAGUA
Der Omnibus

Es ist kein Problem, auf eigene Faust mit dem Omnibus durch Kuba zu reisen. Die kubanischen Mitreisenden werden die Fahrt zwar nicht verkürzen, aber kurzweiliger gestalten.

Vor über zehn Jahren gewährte die chinesische Regierung der kubanischen Regierung einen Milliardenkredit über ungefähr 2 Mrd. Euro. Damit durften die Kubaner jedoch nur chinesische Waren kaufen. Für den kubanischen Nah- und Fernverkehr bedeutete dieser Kredit eine neue Ära. Bis dahin mussten die Kubaner alte russische Bussvehikel, ausgemusterte kanadische Schulbusse und zu Bussen umgebaute Lkw benutzen. Eine von allen Touristen fotografierte Skurrilität im Nahverkehr von Havanna waren die sogenannten »Kamele«, Sattelschlepper mit einem riesigen zum »Bus« umgebauten Auflieger. Dank der Chinesen sind diese Kamele aus dem Stadtbild Havannas inzwischen verschwunden. Der Nah- und der Überlandverkehr wird fast ausschließlich von chinesischen Bussen der Marke »Yutong« getragen. Jeder Kubaner versteht es, wenn ein Tourist sich nach einem »Bus« bei ihm erkundigt, aber umgangssprachlich benutzen die Kubaner – ebenso wie etliche andere lateinamerikanische Staaten – den Begriff »Guagua«. Eine Fahrt während der verkehrsstarken Zeiten in Havanna kann ein Erlebnis für den ganzen Tag sein. Im Fernverkehr gibt es Busse vornehmlich für Kubaner und mit Mühen auch für Touristen (Astro), sowie Busse vornehmlich für Touristen und mit ausreichend Geld auch für Kubaner (Viazul). Die einen sind billig, unzuverlässig und marode, die anderen sind teuer, sauber (hoffentlich!) und schwer zu buchen. In beiden sind ausführliche Gespräche mit Kubanern garantiert, auch ohne Spanischkenntnisse, die aber nicht im Preis inbegriffen sind.

GUANTANAMERA
Ohrwurm und Welthit

Jeder kennt sie, kaum jemand weiß, was ihr Text bedeutet, und nach einigen Tagen auf Kuba kann sie keiner mehr hören.

Jede kubanische Straßenband leiert stets drei Lieder herunter: »Comandante Ché Guevara«, »El Condor pasa« und dann eben diese »Guantanamera«. Zuerst sind die Touristen hellauf erfreut, endlich einmal das bekannte Lied im Original von echten kubanischen Musikern zu hören. Haben sie es fünfmal gehört, flüchten sie. Auch in der Musik ist irgendwann einmal zu viel auch zu viel. Dabei ist die Melodie gar nicht so alt. Zwar hat sie ihren Ursprung in bäuerlichen Liedformen, aber erst 1928 kreierte ein Rundfunkjournalist daraus die heutige Form. Während der Kubakrise von 1962 wurde die Melodie mit Textzeilen aus einem Gedicht Martís arrangiert. Der amerikanische Sänger Pete Seeger baute den Text auf Englisch um und trug das Lied 1963 in den USA vor, womit die Guantanamera erstmalig außerhalb Kubas erklang und seitdem zu einem Welthit und in Kuba zu einem kaum ertragbaren Ohrwurm wurde. Die kubanische Nationalhymne (La Bayamesa) entstand dagegen in den Befreiungskriegen gegen Spanien. Wie die historischen Nationalhymnen zahlreicher anderer Staaten ist sie ziemlich militaristisch. Jeden Morgen treten alle kubanischen Schüler zu einem Appell an, stehen stramm, die kubanische Fahne wird gehisst und die Nationalhymne geschmettert: »Leute von Bayamo, auf in den Kampf …«

GUAYABERA

Ein Hemd geht um die Welt

Rum, Zigarren und allerlei Schnickschnack sind dem Touristen als Mitbringsel von Kuba bekannt, aber nicht ein ungewöhnliches Hemd, für das es keinerlei Zollbestimmungen gibt.

Wie bei zahlreichen herausragenden Innovationen liegt ihre Entstehung im Dunklen. Kuba und Mexiko streiten sich darüber. Tatsächlich war die Guayabera einst ein schlichtes Hemd kubanischer Bauern, weiß und über der Hose getragen. Mit seinen großen aufgenähten vier Taschen ist es bis heute für Männer ungemein praktisch. Inzwischen gibt es sie sogar als Kleid für Frauen, aber ob diese schick wirken? Für Männer bleibt es gebräuchlicher. Den endgültigen Durchbruch schaffte die Guayabera, als Raúl Castro anordnete, dass alle kubanischen Diplomaten sie als ein Teil ihrer »Uniform« zu tragen haben. Es wurde zu einem Markenzeichen Kubas. Danach begann sich die Modeindustrie für das Hemd zu interessieren. Die meisten Exemplare sind heute immer noch weiß, aber seitdem das Hemd zu einem schicken Bekleidungsteil geworden ist, wird es auch in anderen Farben wie Blau oder Rot oder Grün hergestellt, zudem nicht mehr einfach glatt, sondern mit Borten und Stickereien versehen, wurde es modisch aufgehübscht. In Kuba tragen es inzwischen auch westliche Geschäftsleute. Bei uns ist es noch nicht bekannt, deshalb ist es ein Überraschungsmitbringsel, das nicht in einer Ecke verstaubt. Die Guayabera ist Kubas Beitrag zur internationalen Modewelt.

68

HÉCTOR LUIS

Der beste Tabakpflanzer

Ein kommunistischer Staat kennt zuerst nur berühmte Parteiführer, manchmal jedoch auch berühmte Künstler. In Kuba gehören dazu auch zwei Tabakbauern.

Viele Jahre lang hieß der berühmteste Tabakfarmer Kubas Alejandro Robaina. Noch im hohen Alter wohnte er bescheiden in einer schlichten Holzhütte inmitten seiner kleinen Plantage. So hatte ich ihn kennengelernt. Er produzierte Tabakblätter, aus denen kubanische Zigarren gerollt wurden, um die sich die Zigarrenliebhaber aus aller Welt rissen. Die kubanische Regierung benannte auch eine Zigarrenmarke nach ihm, deren Qualität dem alten Robaina wohl kaum gefallen hätte. Derartiges ließe Héctor Luis nicht mit sich machen. Heute produziert er die besten Blätter Kubas, und die Besucher auf seiner Finca reißen sich darum, einige Zigarren erwerben zu können, die ein Roller vor ihren Augen aus diesen Blättern rollt. Zugleich ist er ein Unternehmer geworden, denn er vermarktet den Ruf der Blätter seiner Finca, wohlgemerkt nicht seine Persönlichkeit. Er hat neben seinem Wohngebäude und dem Trockenhaus im selben ländlichen Stil aus den Materialien, die die Palmen in der Umgebung liefern, ein offenes Restaurant für die zahlreichen Besucher gebaut sowie ein kleines Haus zum Übernachten für vier Gäste und – für Kuba nicht selbstverständlich – auch eine ordentliche Toilette. Etliche andere Farmer sind ihm darin gefolgt, aber keine Farm liegt derartig landschaftlich reizvoll wie die »Finca Quemado de Rubí« von Héctor Luis. Und noch eine Besonderheit: Die entscheidende Person an seiner Seite ist seine Frau Myladis, die wirtschaftlich denkt, energisch kontrolliert und Ideengeberin ist.

HEMINGWAY

Verehrung für Touristen

Kuba hat es gut: Ein amerikanischer Schriftsteller mit kubanischem Temperament und Leidenschaft für kubanischen Rum schrieb seine Nobelpreisgeschichte auf Kuba und über Kuba. Mehr Marketing für Kuba geht gar nicht!

Ernest Hemingway, in Kuba Ernesto Hemingway, ist ein kubanischer Nationalheld, für den sich kaum ein Kubaner interessiert. Zu lange liegt sein Leben zurück und zu weit entfernt ist es von ihren heutigen Lebensbedingungen. Für die Anziehungskraft seines Namens auf Touristen spielt das jedoch keine Rolle. Allerdings macht die kubanische Regierung daraus herzlich wenig. Durch seine Finca »Vigía« werden die Touristen von ahnungslosen kubanischen Führerinnen geleitet, seine zwei Stammbars in der Altstadt sind zu Rummsbuden verkommen, sein Hotelzimmer, in dem er eines seiner besten Bücher schrieb, wird wie ein Altar vorgeführt, der Ankerplatz seiner Jacht im Fischerdorf Cojímar ist verunstaltet. Sogar Faltblätter auf Spanisch über ihn sind selten und banal getextet, in anderen Sprachen noch seltener. Im Umgang mit Hemingway wäre zu entscheiden zwischen einem gigantischen Heldenrummel, abstoßend aber profitabel oder einer feinfühligen Hinführung zum Wesen einer komplexen Künstlernatur, die wir Alltagsmenschen nie verstehen werden, aber wir könnten ja auch nicht ihre Bücher und Geschichten schreiben. Kuba hat sich für keine der beiden Varianten entschieden, nicht absichtlich, sondern aus Mangel an Verstand für modernen Tourismus und aus Furcht vor einer Persönlichkeit, die so gar nichts von einem sozialistischen Revolutionär an sich hatte. Für die Hemingway-Verehrer ist der beste Zeitpunkt für einen Besuch auf der Finca gleich nach der Öffnung, da stört das Gestöhn der Touristinnen über die schrecklich gepflasterten Wege und das Geplapper der Führerinnen noch nicht.

Hemingways Bett in seinem Zimmer im Hotel »Ambos Mundos« in Havanna

HIALEAH

Klein-Havanna in Miami

Zwei Millionen Kubaner sollen außerhalb Kubas leben, gezählt hat sie aber noch niemand, der größte Teil davon lebt in den USA und davon wiederum die meisten in Miami, die sich im Stadtteil Hialeah konzentrieren.

In der Nacht vom 31. Dezember 1958 auf den 1. Januar 1959 begann eine kontinuierliche Ausreisewelle aus Kuba. Im Prinzip war dies in den zurückliegenden einhundert Jahren nichts Besonderes gewesen, Anhänger der Unabhängigkeit von Spanien, Kämpfer gegen Diktaturen und in dieser Nacht waren es Komplizen Batistas und vorsichtige Angehörige der Oberschicht. In den nächsten Jahren folgte ihnen die komplette Oberschicht und der größte Teil der Mittelschichten, darunter auch technische und wissenschaftliche Fachleute, die ersten drei Jahre noch legal, wenngleich ohne ihr Eigentum, danach fluchtartig, und in den folgenden fünf Jahrzehnten verließen auch Teile der nachgewachsenen sozialistischen Mittelschicht und immer mehr frustrierte junge Kubaner das Land. Die erste Welle hatte noch ihr Kapital retten können und machte Miami, gegenüber der kubanischen Küste und mit einem ähnlichen Klima, zu ihrer kubanischen Oase, immer noch auf eine rasche Rückkehr hoffend. Als diese aussichtslos wurde, bauten sie Miami zu einer der am schnellsten wachsenden amerikanischen Städte um.

Bei Weitem nicht alle Exilkubaner waren Millionäre, und die aus dem kubanischen Sozialismus stammenden sowieso nicht. Für diese entstanden in Hialeah Bungalows wie in ihrer alten Heimat. Die Geschäftsleute sprechen Spanisch, auch die Polizisten, ebenso die Verwaltung, die Supermärkte bieten in Florida hergestellte kubanische Produkte an usw. Nur eines fehlt: Die Atmosphäre der Heimat! Jeder Kubaner kennt den Begriff »Hialeah«, denn er ist ihr Sehnsuchtsort. Immerhin gibt es in Havanna ein repräsentatives Wohnhaus, an dessen First »Miami« steht.

Wegweiser an der Spitze von Key West in Richtung Kuba

HOTEL NACIONAL

Eine Hotelikone

Um sich »Nacional« nennen zu dürfen, muss man als Hotel schon einiges hermachen. Als es gebaut wurde, war es das größte in Kuba, heute ist es immer noch das ungewöhnlichste.

Das Hotel Nacional in Havanna vereint derartig viele Besonderheiten in sich, dass es – unabhängig von einem zeitweiligen Wohnen darin – eine überragende Sehenswürdigkeit ist: an der besten Stelle Havannas gelegen, auf einem kleinen Kalkfelsen direkt am Meer und oberhalb der langen Uferstraße Malecón. Gebaut wurde es 1930 in einem verkitschten Stil und ist deshalb heute sehenswert, weil es nicht die Tristesse der üblichen Stahl-Glas-Beton-Hotels als Touristenbunker ausstrahlt. Von Mafia-Legenden umwoben, von denen noch nicht einmal die Hälfte stimmt, die aber ein schauriges Gefühl hervorrufen. An den Wänden die Fotografien berühmter Gäste, die meisten davon amerikanische Show-Stars vor der Revolution und revolutionäre Staatsmänner (Frauen sind seltener Revolutionäre) danach. Am Morgen im Sessel eines geruhsamen Wandelgangs (die meisten Gäste werden noch schlafen) mit Blick auf den Garten sowie einem kleinen Rum und einer kurzen Zigarre den Tag beginnen. Von der Terrasse wohlige Blicke über das Meer werfen und zuletzt unter diesem Garten ein Tunnelsystem von 1962 zur Abwehr einer amerikanischen Aggression mit einer Karte über die Standorte der sowjetischen Atomraketen (muss nicht unbedingt sein) besichtigen. Die Preise sind hoch, vermutlich weil es den kubanischen Betreibern unendlich viel Mühe bereitet, die Einrichtung der Zimmer mit all ihren Plüschsesseln und den Messingwasserhähnen in ihrem Originalzustand zu erhalten. Immerhin ist für Gäste der Parkplatz kostenlos, allerdings sollten Sie den sich vor Ihrem Auto aufbauenden Parkwächter nicht unbedingt überfahren.

HURACÁN

Die Heimsuchung

Seit Menschengedenken gehören Hurrikans zur Natur der Karibik. Es lohnt sich nicht, darüber zu spekulieren, ob sie heute öfters und heftiger auftreten als früher. Die Kubaner haben gelernt, mit ihnen umzugehen.

Kuba ist ein Durchzugsgebiet für Hurrikans in der Karibik. Mal trifft es die Ostküste, mal die Westküste und mal zieht ein Hurrikan nur haarscharf an der Insel Richtung Mexiko und Florida vorbei. Für zahlreiche Kubaner und Touristen bedeutet dies Evakuierung in das Landesinnere, oft auch Verlust von Haus und ihrem ohnehin geringen Besitz. Allerdings darf nicht verkannt werden, dass bereits abrissreife Häuser oder gar Holzhütten dem Sturm so gut wie keinen Widerstand entgegensetzen können. Ein straff und rigide organisiertes System wie das der kubanischen Diktatur kann Menschen besser vor Naturkatastrophen schützen als die liebevoll nachlässige Lebensweise anderer Karibikinseln. Für einige Touristen bietet ein Hurrikan auch ein fulminantes Naturschauspiel, beispielsweise von den Balkonen und Fenstern der Hotels am Malecon. Bereits Stunden vorher peitscht der noch laue Sturm die Wellen meterhoch über die Ufermauern, Jugendliche werfen sich in die Gischt, Kameras klicken, Smartphones blitzen und die Polizei versucht, die Abenteurer zu vertreiben. Bald fällt der Strom aus und mit ihm auch die Wasserversorgung. Das kann schon mal einige Tage dauern, dann sind auch die Vorräte im Tiefkühlschrank hinüber. Einmal habe ich vier Tage lang nur Gulasch gegessen, na immerhin! Für die Wirtschaft Kubas hingegen ist jeder Hurrikan, auch ein kleinerer, eine große Katastrophe. Teile der ohnehin schwachen Landwirtschaft werden zerstört, Fabrikhallen der sowieso schon maroden Industrie brechen zusammen, Straßen und Brücken werden weggerissen und der Wiederaufbau der Häuser kann Jahre dauern. Nach offiziellen Angaben fehlen auf Kuba 850.000 Wohnungen. Bei nur 40.000 jährlichen Neubauten und ständigem Verfall der vorhandenen werden junge Kubaner ihre erste eigene Wohnung erhalten, wenn sie zwischen 40 und 60 Jahre alt geworden sind, hoffentlich ohne Hurrikan.

I.S.A.

Weltberühmte Kunsthochschule

Gebaut wurde sie als »Escuelas de Arte«, heute nennt sie jeder nur mit der Abkürzung ihres neuen staatlichen Namens: »ISA« – »Instituto Superios de Arte«. In einem sozialistischen Staat ist sie ein Unikat, ein wahrlich einzigartiges und verschwiegenes Architekturdenkmal.

Die typische sozialistische Architektur, wie wir sie kennen, ist entweder banal oder bombastisch. In Osteuropa werden die bombastischen gepflegt und die banalen allmählich abgerissen. Auch in Kuba fehlen intime, feinfühlige und zugleich innovative Konstruktionen. Mit einer Ausnahme: der Kunsthochschule Havannas, dem einzigen architektonischen Ensemble des sozialistischen Kubas von Weltgeltung. Einst befand sich auf dem Gelände der beste Golfplatz der Insel, dann entschied die sozialistische Regierung, anstelle des Symbols kapitalistischen Mammons darauf eine soziale Einrichtung zu bauen, eine Kunsthochschule für junge Menschen aus Kuba und der damaligen Dritten Welt.

Zwei italienischen Architekten und einem kubanischen wurde die Aufgabe des Designs übertragen. In diesem Komplex von eigentlich fünf verschiedenen, aber miteinander zusammenhängenden Schulen wollten sie fünf Kunstrichtungen vereinen: Tanz, Musik, Malerei, Bildhauerei und Theater. Sie errichteten einen weltweit einzigartigen Komplex aus runden Kuppelgebäuden, jeweils bestehend aus einer Halle, verbunden durch Wandelgänge, unter Verwendung traditioneller roter Ziegelsteine und roter Dachziegel.

Der Komplex erinnert an ein Dorf in den Abruzzen. Als die Architekten erst einen Teil ihrer Pläne verwirklicht hatten, erkannten die kubanischen Kulturfunktionäre, dass sie einen künstlerischen Geist aus der Flasche gelassen hatten, der ihrer Vorstellung von sozialistischer Architektur zuwiderlief.

Der Bau wurde gestoppt. Die fertiggestellten Gebäude werden bis heute als Kunsthochschule genutzt, leider sind sie ein Torso geblieben, mit dem sich aber heute die kubanische Regierung international rühmt.

JINETERAS
Jeder will Geld verdienen

Es ist ungewiss, ob es das älteste Gewerbe ist, aber unzweifelhaft ist es eines davon, in Kuba wird es weiter betrieben, illegal, aber intensiv, denn nicht nur die jungen Frauen verdienen daran.

Kubaner haben Humor. Sie verschönern Erscheinungen in ihrer Gesellschaft mit witzigen Begriffen, bei denen jeder Kubaner sofort weiß, was damit gemeint ist, ohne es offen auszudrücken. Die »Reiterchen« oder »Reiterli« können beiderlei Geschlechts sein; sie können ihre Reiterkünste gelegentlich anwenden oder permanent; sie können sie auf eigenes Risiko betreiben oder abhängig von einem Typen sein, der vorgibt, sie zu beschützen. Sie können durch das Sicherheitsnetz der Polizei hindurchschlüpfen oder ihr einen Anteil von ihrem errittenen Geld abtreten. Sie können mal für eine Nacht zur Probe auf dem Polizeirevier landen oder längere Zeit hinter Gitter verbringen. Wird allerdings ihr Beschützer zu dreist, kann er bei der Polizei nicht mit Gnade rechnen, aber seine Freunde draußen machen weiter.

In diesem Gewerbe gilt dieselbe Regel wie auch in allen anderen, Nachfrage erzeugt Angebot, und ein großes Angebot steigert die Nachfrage. Dabei darf jedoch eine kubanische Eigenheit nicht verkannt werden: Die Sexualmoral der Kubaner beiderlei Geschlechts ist nicht generell mit der in Deutschland identisch, jedenfalls nicht mit der offiziellen. Das betrifft auch das Zusammenleben von Mann und Frau, einschließlich der anderen beiden Varianten. Sex wird nicht mit Mythen umwoben, sondern gehört ganz selbstverständlich zum alltäglichen Leben, und weder die Jineteras-Reiterchen noch die Benutzer ihrer Fähigkeiten werden an den moralischen Pranger gestellt. Nur Steuern, wie in der seltsamen deutschen Moral, brauchen sie nicht zu zahlen.

»Jineteras« können auf Kuba auch männlich sein

JOINT-VENTURES

Die Beherrschung Kubas

Die kubanische Regierung verkaufte 50 Prozent ihrer Anteile von ausgewählten Staatsunternehmen an westliche Konzerne und brachte ihren 50-prozentigen Anteil in ein gemeinsames Unternehmen ein, den Joint-Ventures.

Wenn Länder mit einem staatlich-zentralen Wirtschaftssystem nicht mehr aus eigener Kraft die Wirtschaft aufrechterhalten können, gründen sie mit westlichen Firmen sogenannte Joint-Ventures, in der Hoffnung, mit Hilfe des kapitalistischen Know-how ihre Wirtschaft und vor allem den Export beleben zu können. Durch diesen Verkauf kommt jedoch zuerst einmal Geld in die klamme Regierungskasse. Das rettete in den 90er Jahren die kubanische Wirtschaft vor dem endgültigen Zusammenbruch. Für die Revolutionäre der ersten Jahre waren Kapitalisten der Abschaum der Menschheit. Jetzt, in der Not, wurden sie zu gefragten Geschäftspartnern. Alles, was nur möglich war, wurde verkauft: Nickelbergbau (Kanada), Mineralwasser (Schweiz), Bier (Belgien), Hotels (Spanien), Fischfang (Spanien), Rum (Frankreich), Zigarren (Großbritannien), Zigaretten (Brasilien) u.a.

Nominell hielt der kubanische Staat mit einer Stimme die Mehrheit, um die Macht zu behalten, erkannte jedoch nicht, dass die Macht im Weltmarkt liegt. Die westlichen Firmen modernisierten die Produktion und führten westliches Marketing sowie Finanzwirtschaft ein. Letztendlich bestimmten die Manager der westlichen Partnerunternehmen, wo es langging. Hatten amerikanische Firmen 1958 noch einen Anteil von 30 Prozent am dominierenden Wirtschaftszweig Kubas, der Zuckerwirtschaft, so verfügen westliche Konzerne heute über einen weitaus größeren Einfluss auf die Erwirtschaftung von Devisen.

Heute hängt Kuba stärker von kapitalistischen Unternehmen ab als vor der Revolution. Im Stadtteil Miramar wurde für die Verwaltung der Joint-Ventures extra ein modernes Bürogebäude hochgezogen.

Das »Miramar Trade Center«, ein Bürokomplex für westliche Unternehmen

JOSÉ MARTÍ

Kubas Apostel in Beton

Er ist der Nationalheld Kubas, auf den sich gleichzeitig die Regierung Kubas und ihre Gegner in Miami berufen, seine Schriften liefern Argumente für beide Seiten.

Irgendwo in den Weiten Kubas muss eine Fabrik stehen, aus der nur weiße Betonköpfe herauskommen, nur Köpfe eines Mannes. Jeder Besucher Kubas wird einen solchen Kopf mindestens schon einmal zu Gesicht bekommen haben. Auf einem kleinen Sockel steht er vor jeder Schule, vor jeder Fabrik, vor jedem öffentlichen Gebäude Kubas, in zahlreichen Parkanlagen auch mal als komplette Statue und sogar vor manchem Privathaus. Angesichts dieser ständigen Präsenz fragt sich der unvoreingenommene Besucher, welche Wirkung dieser Kopf auf die normalen Kubaner haben kann, insbesondere auf die jüngeren.

Die längste Zeit seines Lebens verbrachte Martí im Ausland, vor allem in Spanien und in den USA. Von dort aus schrieb er unentwegt gegen den spanischen Kolonialismus an, aber auch gegen Sklaverei, gegen amerikanische Machtbestrebungen und gegen südamerikanische Diktatoren. Das eine setzt die sozialistische Regierung Kubas ein, das andere ihre Gegner im Ausland. Er schrieb auch Kinderbücher, Gedichte, Theaterstücke und vieles mehr, zumeist jedoch Zeitungsartikel. Nichts davon interessiert die heutige Jugend auf Kuba. Literarisch hat nur sein Text zum kubanischen Gassenhauer »Guantanamera« überlebt. Er selber verlieh sich die Bezeichnung »Apostel« Kubas.

Zu Beginn des zweiten Unabhängigkeitskrieges (1895) ritt er im ersten Kampf seines Lebens in seinem traditionellen schwarzen Anzug auf einem weißen Pferd mit einer Pistole in der Hand spanischen Soldaten entgegen. Er fiel und wurde zum Märtyrer.

LA BOLITA

Heimliche Lotterie

Kubaner beiderlei Geschlechts und jeglichen Alters sind glücksspielverrückt, schon immer und bis heute noch; nur früher offen, heute heimlich.

Ein Jahr vor der Revolution wurde am heutigen Platz der Revolution ein ausgedehntes modernes Bürogebäude eingeweiht. Hier zog die Hauptverwaltung der staatlichen Lotteriegesellschaft ein. Zwei Jahre danach verbot Fidel Castro alle Glücksspielarten. In das Gebäude zog die staatliche Plankommission ein. Die Geschichte Kubas ist reich an derartigen Ironien.

Die Bolita ist die Kugel im Roulett oder – modern – beim Ziehen der Gewinnzahlen im Fernsehen. Die Bolita auf Kuba ist verboten und sie lebt. In jeder Straße wohnt ein Losverkäufer. Die Losverkäufer in einem Wohngebiet arbeiten mit einem Typen zusammen, der die Bank hält, die Einnahmen zwischen den Losverkäufern und sich aufteilt sowie die Gewinne über die Losverkäufer verteilt. Wohlgemerkt kubaweit! Gewettet wird auf eine der täglich stattfindenden verschiedenen Lotterien im spanischsprachigen Fernsehen Miamis. Das Internet oder die SMS macht‘s möglich. Einsätze und Gewinne sind bescheiden, auch die Bank wird damit nicht reich, aber wenn mit einem Einsatz von einem Peso 1.000 gewonnen werden können, wird fast jeder Kubaner verrückt. Ich war es auch, doch nach zehnmaligen Verlusten von insgesamt 20 Euro war ich geheilt. Die Polizei kennt alle Losverkäufer und alle Bankhalter. Würde sie rigoros dagegen vorgehen, würden die lokalen Polizisten keinen einzigen Typen mehr kennen. Warum? Ihre Frauen wetten auch jeden Tag!

LA HABANA VIEJA

Vorzeige-Altstadt

Das koloniale Havanna war mit keiner Stadt des spanischen Amerikas zu vergleichen, und dieses Havanna wurde innerhalb der sechzig Jahre von der Unabhängigkeit bis zur Revolution die reichste Stadt Lateinamerikas mit ihrer Perle: Der Altstadt.

Havanna strotzt nur so vor Superlativen, zwar weniger für seine Bewohner, aber deshalb um so mehr für seine Besucher. Die Altstadt von Havanna vereint gleich mehrere auf sich: Sie ist die älteste richtige Stadt des Kontinents, etliche Jahrhunderte war sie die reichste, sie weist den größten Schatz an Architektur und zugleich die größte Vielfalt auf, und sie war die aufregendste.

Vom finanziellen Reichtum ist nichts mehr übriggeblieben, aber von der Architektur immerhin noch das allermeiste, und deshalb ist sie auch heute wieder aufregend. Auch weitere kubanische Städte verfügen noch über gut erhaltene Altstädte, die von Havanna ist ihrer aller Symbol. Jeder Kubaner möchte sie in seinem Leben einmal besucht haben.

Die tiefsten Eindrücke über diese Altstadt gewinnt man bei einem langen Spaziergang kurz nach Sonnenaufgang, aber wenn die ersten Touristenkarawanen durch die Gassen ziehen, dann suchen Sie einen versteckten Park auf, beispielsweise den neben der orthodoxen Kirche. Nutzen Sie die Zeit bis zum Mittag, um Ihre Eindrücke zu sammeln. Sie können sowieso nicht in einem Tag die Altstadt »machen«. Versuchen Sie einmal, mit den alten Mauern zu sprechen, aus denen die Häuser bestehen. Sie meinen, das wäre Phantasterei? Ja, wenn Sie eine total rationale Persönlichkeit sind, verfügen Sie jedoch über etwas Sinnlichkeit und Geduld, werden Sie erstaunt feststellen, dass Ihnen die Mauern antworten. Ich habe diese Erfahrung gemacht, überall reden alte Mauern mit mir.

LA LIBRETA
Die Lebensmittelkarte

Die Zeit, in der auch alle Deutschen mit einer Lebensmittelkarte einkauften, liegt so weit zurück, dass nur wenige daran noch persönliche Erinnerungen haben. Für Kuba trifft das Gegenteil zu. Die Erinnerungen an einen freien Einkauf sind nicht mehr vorhanden.

Alle Generationen der heutigen Kubaner sind in ihrem Leben von der Libreta begleitet worden. Als Anfang 1962 die Lebensmittel rationiert werden mussten, verkündete Fidel Castro, dass bis zum Dezember garantiert alles wieder ganz normal sein würde. Das war das letzte Mal, dass die Regierung einen Zeitpunkt für die Abschaffung der Libreta nannte. Die Verteilung von Lebensmitteln über eine Karte war das Eingeständnis, dass Kuba nach den Verstaatlichungen der größten Unternehmen und der Landwirtschaft bankrott war.

Mit der Libreta kann nur in der sogenannten »Bodega« (# 18) eingekauft werden, denn über die Libreta werden Produkte nicht einfach kostenlos verteilt. Allerdings waren und sind bis heute die Preise extrem niedrig, beispielsweise kostet in der Bodega ein Kilo Reis ca. 30 Cent, in einem normalen Geschäft jedoch ca. 1,50 Euro. Die Anzahl der über die Libreta verteilten Produkte schwankte je nach der kubanischen Wirtschaftslage, zeitweilig gehörten auch Zigaretten, Waschpulver und Bekleidung dazu. Bis heute gehören jedoch die Grundnahrungsmittel Reis, Bohnen, Pasta, Öl, gefrorene Hühnerteile, Salz und Zucker zu den Standardprodukten. Zum Ende eines Jahres wird die Libreta neu ausgestellt. Sie ist ein kleines Heft, in dem die Anzahl der Mitglieder eines Haushaltes eingetragen sind, also nicht jeder einzelne Kubaner erhält direkt eine Libreta. Der sogenannte Haushaltsvorstand verwaltet das Heftchen, mit dem nur in der dafür zuständigen Bodega eingekauft werden kann. Für die Kubaner ist die Libreta so selbstverständlich, dass ich sogar manchmal gefragt werde, welche Produkte in meiner deutschen Libreta enthalten sind, wie viel wir davon bekommen und was wir dafür zahlen müssen.

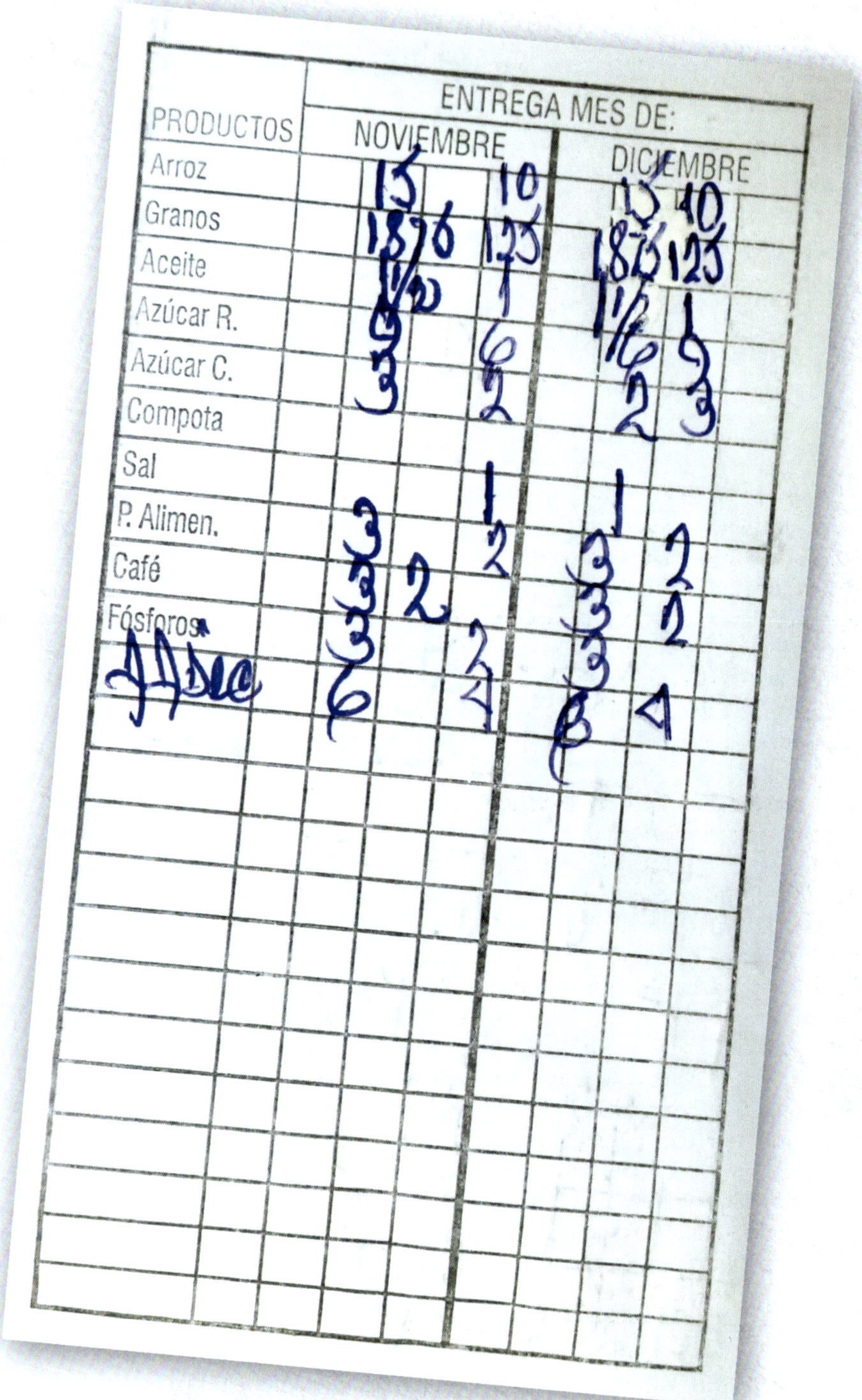

PRODUCTOS	ENTREGA MES DE: NOVIEMBRE		DICIEMBRE	
Arroz	15	10	15	10
Granos	1870	123	187	123
Aceite	1/2	1	1/2	1
Azúcar R.	3	6	6	3
Azúcar C.	3	2	2	3
Compota				
Sal		1	1	
P. Alimen.	3	2	3	2
Café	3	2	3	2
Fósforos	3	2	3	2
[illegible]	6	4	8	4

LAGARTIJAS
Geschwinde Geckos

Sie erschrecken die Touristen, denn sie sind überall, im Zimmer, an den Decken, im Haus, im Garten, auf den Wegen, auch in den Bäumen. Nichts ist vor ihnen sicher, aber sie sind völlig harmlos.

Welche Tiere sehen Sie in Europa am häufigsten? Selbstverständlich Vögel! Und welche haben Sie im Urlaub auf Kuba am häufigsten gesehen? Wenn Sie jetzt nicht „Geckos" nennen, waren Sie nicht auf Kuba. Es ist erstaunlich, dass die am häufigsten sichtbaren Tiere Kubas in den einschlägigen Reiseführern kaum auftauchen, dafür jedoch werden Tiere angeführt, die niemand jemals zu Gesicht bekommen wird, wie Krokodile in der freien Wildbahn oder Riesenschlangen. Dabei sind die Geckos nicht nur blitzschnell, sie können auch ihren Halssack dick in kräftigen roten und blauen Farben aufblasen. Allerdings nur die Männchen, die Weibchen sehen zu und wählen aus. Geckos sind Allesfresser, hauptsächlich ernähren sie sich jedoch von Insekten, deshalb werden sie auch nicht gejagt. Einen Gecko zu fangen erfordert außerordentliches Geschick, hat man sie jedoch an ihrem Schwanz gepackt, werfen sie ihn ab und weg sind sie wieder. Sie leben in den kubanischen Häusern, ohne Haustiere zu sein. Kaum ein Kubaner beachtet sie, aber dem Touristen fallen sie garantiert auf. Die Geckoweibchen legen ganze Nester von klitzekleinen weißen Eiern, mit denen die Kinder Murmel spielen. Schlüpfen die winzigen Geckos, huschen sie sofort auseinander. Solche Nester habe ich schon in meinem Briefkasten und in meinem Stromzähler gefunden. Geckos sind nicht mit den weitaus größeren Leguanen zu verwechseln, die auch auf Kuba vorkommen, allerdings nur in sehr abgelegenen Gebieten wie auf einsamen Inseln.

LANGOSTA
Kulinarische Sensation

Die Languste ist das bekannteste kubanische Meerestier, inzwischen wird es in Kuba auch gezüchtet. Was die Japaner nicht abnehmen, landet als Langustenschwanz tiefgefroren in unseren Großmärkten.

Es ist eine kulinarische Ironie: Nur Kubaner kennen Langusten, die Touristen kennen nur Lobster, die auf Spanisch jedoch Bocavante heißen. Aber »Lobster« schreiben die Besitzer der Paladare auch auf ihre Speisekarten, denn Lobster kennen die Amerikaner von zu Hause. Lobster haben Scheren, deshalb sind sie Hummer. Die ihnen in Kuba servierten Langusten haben keine Scheren, sondern lange Fühler, und das Fleisch ihres Schwanzes ist saftiger, was jedoch von der Zubereitung abhängt und die ist fast überall auf Kuba jämmerlich. Die Ursache dafür liegt in den vergangenen 50 Jahren, in denen die gesamte Fischerei verstaatlicht wurde. Die herrlichen kubanischen Langusten wurden exportiert und dafür ohne Kopf eingefroren. Auf den illegalen Handel mit Langusten standen mehrere Jahre hinter Gittern. Nachhaltiger Fischfang wurde nicht betrieben, wodurch selbst auf einer Insel inmitten eines weiten Meeres die Langusten selten geworden sind. Eine richtig zubereitete Languste ist ein grandioser Genuss. Es gibt hauptsächlich zwei Arten davon. Die eine ist halbiert mit Kopf auf einem Grillblech, vorher mit etwas Knoblauch abgerieben und dann leicht mit Zitrone beträufelt. Die andere heißt Enchilada, bei der der Schwanz in seine einzelnen Segmente getrennt und in einer Art Tomato-Frito-Sauce, eventuell auch mit Kapern, garen gelassen wird. Beide sind die Krönung der kubanischen Küche, nicht wegen ihrer Zubereitungskunst, sondern allein wegen der Qualität einer kubanischen Languste, allerdings hat die auch einen entsprechend höheren Preis.

LAS PROVINCIAS

Die Provinzen

Die heutigen kubanischen Provinzen sind politisch organisiert, aber nicht historisch gewachsen, trotzdem hat fast jede von ihnen auch eine kleine Eigenart.

Ursprünglich bestand Kuba aus drei Teilen: Occidente, Centro und Oriente. Im Wetterbericht des kubanischen Fernsehens existieren sie auch heute noch, weil diese drei Teile gleichzeitig eine gewisse Wetterscheide über diese lange Insel sind. Der Westen mit seinem Zentrum Havanna wurde durch seinen Hafen schnell reich und war wirtschaftlich stets höher entwickelt als die Mitte und der Osten. Die Mitte, mit Camagüey als ihrem Zentrum, war landwirtschaftlich geprägt, mit Zuckerrohr und riesigen Rinderherden. Der Osten ist in weiten Teilen gebirgig, mit einem historisch bedingten weitaus höherem Anteil von Schwarzen als die beiden anderen Teile, nur sein Zentrum Santiago war dicht bevölkert und durch Hafen, Kupferbergbau und Rumproduktion auch wirtschaftlich besser gestellt. Die beiden Unabhängigkeitskriege hatten ihre

Basis im Osten, wohingegen es eine politisch beabsichtigte Legende ist, dass auch die sozialistische Revolution aus dem »rebellischen Osten« hervorging. Zwar kamen die Castro-Brüder aus dem Osten, waren jedoch durch Havanna geprägt, und die überwiegende Mehrheit der Rebellen stammte ebenfalls aus den westlichen Städten. Bis 1960 war Kuba fast einhundert Jahre lang in sieben Provinzen aufgeteilt gewesen. Um Kuba besser regieren und kontrollieren zu können, unterteilte die sozialistische Regierung 1975 die Insel in 15 Provinzen mit 168 Gemeindebezirken (Municipios), einschließlich eigener Hauptstadt, Parlament und Parteigliederung. Die Provinzen sind eine rein verwaltungstechnische Organisation ohne eigene Ressourcen und Kompetenzen. Einige Provinzen heben ihre einzigartigen Strände hervor, andere ihre ausgedehnten Inseln, wieder andere ihren Tabakanbau und eine weitere ihr Gebirge. Jede Provinz entsendet eine eigene Baseballmannschaft in die Nationalliga, die ein regionales Heimatgefühl hervorrufen soll.

MACHETE

Machete

In zahlreichen europäischen Ländern ist die Machete als eine gefährliche Waffe verboten. In Kuba ist sie ein selbstverständliches Arbeitsinstrument.

Es gibt sie in der typischen schmalen und länglichen Form (40 cm) mit einem massiven Griff, oder etwas kürzer, aber mit einer breiteren Klinge (10 cm) und schwerer. Die Erstere ist ein Universalgerät, alles kann mit ihr abgeschlagen werden. Der Besucher sieht sie oft an den Rändern der Straßen, wenn Arbeiter mit einem großen Schwung ihrer Machete den Rasen absäbeln. Die breitere und schwerere Version wird zum Abhacken von Ästen und Ähnlichem verwendet. Meine erste Machete erhielt ich vom Onkel meiner Frau mit den Worten geschenkt: »Ein richtiger Mann hat seine eigene Machete!« Jeder kubanische Haushalt verfügt über eine, und jeder erwachsene Mann besitzt seine eigene. In zahlreichen Autos liegt zur Sicherheit ebenfalls eine. Man kann ja nie wissen, wie sich ein Verkehrsproblem so entwickelt. Kein Kubaner kann verstehen, wieso man in westlichen Ländern ohne eine Machete leben kann. Ein Mann ohne Machete ist auf Kuba kein Mann. Auch Frauen benutzen sie im Garten oder im Haushalt wie selbstverständlich. Macheten in Kuba zu verbieten wäre noch schwieriger als Schusswaffen in den USA. In alten kubanischen Filmen werden Freiheitskämpfer hoch zu Pferd mit einer Machete in der Hand vorgeführt, wie sie spanische Truppen angreifen. Das ist bloß eine Propagandalüge, aber sie gefällt den Kubanern. Macheten aus kubanischer Produktion sind inzwischen eine Rarität. Ich habe mir eine aus Brasilien gekauft, ordentlich eingefettet liegt sie unbenutzt im Futteral unter meinem Bett, hoffentlich für ewig, aber schön schaut sie aus.

MANGO

Eine Frucht erobert die Welt

Wer jemals in Kuba eine Mango direkt vom Baum gegessen hat, wird nie wieder eine aus einem europäischen Supermarkt kaufen!

Die Mango ist der Apfel Kubas, obwohl sie ursprünglich aus Indien kommt. Sie ist völlig anders als der Apfel, kann aber genauso wie dieser verwendet werden: frisch vom Baum gegessen, als Kompott, in Dosen konserviert, zu Konfitüre verarbeitet und selbstverständlich auch zu Fruchtsaft. Nur an Mangowein haben sich die Kubaner noch nicht so richtig herangetraut. Überall in Kuba wachsen Mangobäume: am Straßenrand, in ausgedehnten Plantagen, in privaten Gärten oder direkt am Wohnhaus, nur nicht im Gebirge.

Vor der Revolution wurden unterschiedliche Sorten gezüchtet: früh- oder spätreifende, zuckersüße oder etwas herbere, kleine gel-

be oder dicke rote. Einige Sorten haben die sozialistische Vereinheitlichungsideologie überlebt und erfahren heute ihre Auferstehung auf Bauernmärkten. Für mich ist sie die Krönung der subtropischen Früchte. Schon im März stehen ihre beigen Blütenstände wie kleine Weihnachtsbäume nach oben, dann fallen Tausende von verholzten Blüten auf die Erde, und quasi über Nacht hängt an dem vom Blütenstand übriggebliebenen dünnen Stängel ein kleiner grüner Winzling. Der wächst und wächst, bis ich an einem Morgen Angst bekomme, der Stängel könne doch gar nicht halten und die heißgeliebte Mango fällt noch grün in meinen Garten. Aber nein! Der dünne Stängel hält die schwere Frucht, bis sie endlich rot und reif und süß zu mir herunterfällt, ich sie liebevoll aufhebe, mit meinen Zähnen ihre Schale aufreiße und gierig in sie hineinbeiße.

85

MANÍ, MANÍ

Erdnüsse an Kreuzungen

Auch die Kubaner knabbern gern, allerdings haben sie dafür nur eine geringe Auswahl. Ihre einheimischen Erdnüsse sind die beliebtesten, und sie werden ausschließlich privat gepflanzt und verarbeitet.

Bevor ich nach Kuba kam, dachte ich immer, die Erdnüsse kommen entweder aus Afrika oder aus den USA. Bei uns wahrscheinlich schon, aber Kuba ist ihre ursprüngliche Heimat. Hier bauen private Bauern sie auf kleinen Flächen an, trocknen sie auf einer abgelegenen Asphaltstraße in der heißen Sonne, rösten sie und verkaufen sie heimlich an Zwischenhändler in den großen Städten, die ihrerseits eine ganze Armada von Rentnern an der Hand haben, welche aus »organisiertem« weißem Kopierpapier (in Geschäften nicht zu kaufen!) kleine weiße Tütchen falten, in diese Erdnüsse für zwei Mundfüllungen hineinfüllen, zu den Kreuzungen gehen, an denen die Autos längere Zeit warten müssen, und dort laut schreien: »Maní, maní!« Jeder Autofahrer kennt das, und hat er Langeweile, reicht er einen abgewetzten Messingpeso (etwa 5 Cent) durch das Fenster und bekommt selbst noch im Anfahren seine Maní. Zweimal in den Mund kippen, zweimal kauen und zweimal schlucken: »Heute waren die Manís aber mal richtig gut!«. Auch bei Baseballspielen, Musikveranstaltungen oder vor Schulen gehen die Erdnussverkäufer ihrem Geschäft nach. Die staatlichen Farmen haben dieses noch nicht entdeckt, und aller Wahrscheinlichkeit nach werden sie es auch niemals. Kubanische Maní sind ein kleines Privatgeschäft, für das der Verkäufer Zuneigung und Ausdauer mitbringen muss. Kubaner lieben ihre Erdnüsse.

TAMARINDO
(Barra)
Precio 15:00 MN
BARRA DE MANÍ
Precio $ 6.00
BARRA DE GUAYABA
Precio $ 12.00
BARRA DE MANÍ
Precio $ 10.00
BARRA DE MANI
(en Grano)
Precio $ 3.00
Barra de Alicante
Precio: $ 3.00
BARRA DE AJONJOLI
Precio $ 3.00

HANG LOOSE
TURKE

MANIFESTACIÓN
Hier wird demonstriert

In Kuba werden Demonstrationen als »Manifestaciones« bezeichnet. Die Bevölkerung soll damit ausdrücken, dass sie mit der Politik der Regierung einverstanden ist.

Bei uns wird nur privat demonstriert, in Kuba nur staatlich. Unsere Demonstrationen entstehen spontan, in Kuba sind sie langfristig durchorganisiert. Wann in Kuba demonstriert wird, legt die Regierung fest. Die wichtigsten und größten Demonstrationen finden statt am 1. Mai, am 28. Januar (Geburtstag Martí) und zu den Todestagen von Maceo, Ché sowie von Camilo Cienfuegos. Es sind staatlich organisierte Aufmärsche, bei denen Schüler, Studenten und alle Mitarbeiter staatlicher Organisationen zur Teilnahme verpflichtet sind. Wenn beispielsweise Studenten zur Demonstration des 1. Mai nicht erscheinen, wird dies in ihren Studienunterlagen vermerkt, was sich nach Studienabschluss negativ auf die Vermittlung eines Arbeitsplatzes

auswirken kann. Staatlich also muss, aber privat darf nicht demonstriert werden. Selbst vorher angekündigte private Versammlungen werden sofort verboten. Normalerweise sind sogar solche Ankündigungen unbekannt, und bereits ihr vorsichtiger Versuch wird als Provokation der Staatsmacht gewertet. In allen Städten finden regelmäßig Demonstrationen statt. Auf ihnen werden Transparente mit Lobpreisungen der Staatspolitik und Bilder der Parteiführer mitgeführt. Öfters sind am Ende eines Demonstrationszuges kleine Buden mit Brötchen, gegrilltem Geflügel, Getränken und Süßigkeiten aufgebaut, alles zu günstigen Preisen. In Kuba sind Demonstrationen ein Ritual, mit dem das Staatssystem zusammengehalten werden soll. Ein gängiger Trick: Sich bei der Aufstellung zum Aufmarsch ganz vorn anstellen, bemerkt werden, dann langsam nach hinten durchsickern, seitwärts abdrehen und über Seitenwege als Erster an den Buden ankommen.

MARABÚ

Alles ist überwuchert

Dieses tropische Unterholz ist die Geißel der kubanischen Landwirtschaft, aber es liefert die beste Holzkohle. Noch eine kubanische Verrücktheit!

Wenn ein Besucher Kubas über das flache Land fährt, fällt ihm alsbald auf, dass ausgedehnte Zuckerrohrfelder immer wieder von grünem Buschland unterbrochen werden. Auch Weideflächen enden abrupt in einer grünen Wildnis. Die einstigen Felder und Weiden sind dicht an dicht mit übermannshohen Sträuchern bewachsen. Aus dem grünen Blattwerk leuchtet es gelb und lila heraus. Wie kleine gelbe Zapfen mit farbigen Federbüscheln hängen die Blütenstände von den Ästen herab. Wahrlich allerliebst anzuschauen. Es ist der Farbkätzchenstrauch, mitunter auch »Kalahari-Weihnachtsbaum« genannt, weil er tatsächlich aus Afrika stammt. Die Kubaner haben dafür einen schlichten Namen: Marabú. Auf den betroffenen Nutzflächen ist ihm nur durch eine totale Ausrottung beizukommen. Seit weit über einhundert Jahren ist er bereits bekannt, hatte aber kaum Auswirkungen, weil die privaten Farmer schon die ersten Anzeichen von Marabú mit der Wurzel ausrissen. Die staatlichen sozialistischen Bauern haben andere Interessen. So wurde er von einer nur störenden Pflanze zur Folter der kubanischen Landwirtschaft.

Kuba besteht ungefähr zu 60 Prozent aus landwirtschaftlicher Nutzfläche. Davon sind nach inoffiziellen Schätzungen ungefähr ein Drittel mit Marabú überwuchert. Die kubanische Regierung verfügt nicht über ausreichend Maschinen, um den Marabú zu beseitigen. Jedoch dort, wo sie es versucht, entsteht in traditionell handbetriebenen Kohlenmeilern eine der weltweit besten Holzkohlen. Davon profitieren an Grillabenden auch die Touristen. An vielen Orten Kubas wird sie illegal gehandelt. Auch in meinem Gartenverschlag ruhen zwei Säcke davon.

MARIEL

Die erste kubanische Freihandelszone

Die erste Freihandelszone Kubas in einem extra dafür umgebauten alten Hafen sollte der entscheidende wirtschaftliche Befreiungsschlag des Landes werden. Das westliche Ausland wartet noch darauf.

Zum ersten Mal erwähnt wurde der 30 km westlich von Havanna gelegene Hafen der Kleinstadt Mariel, als 1762 eine englische Flotte Soldaten dort landete, die dann Havanna einnahm. Danach dauerte es über 200 Jahre, bis die Welt erneut den Namen Mariel hörte. 1980 erlaubte Fidel Castro privaten amerikanischen Schiffen von diesem Hafen aus weit über einhunderttausend Kubaner nach Miami überzusetzen. Das dritte Mal wurde der Westen hellhörig, als das brasilianische Bauunternehmen Odebrecht begann, diesen Hafen zum größten Hochseehafen der Karibik auszubauen und die anliegenden Gebiete als Freihandelszone einzurichten. Herr Odebrecht und sein damaliger Partner, der brasilianische Ex-Präsident Lula, sitzen heute im Gefängnis, und die hochtrabende Idee von

der größten Freihandelszone in der Karibik ist in der kubanischen Realität gelandet. In der benachbarten Dom. Rep. existieren überall im Land derartige Freihandelszonen, die steuerbegünstigt ausschließlich für den Export arbeiten. Mariel konkurriert mit ihnen und damit auch mit dem Weltmarkt. Dieser Umstand ist bei der kubanischen Regierung jedoch noch nicht angekommen. Potentiellen Investoren werden die üblichen sozialistischen Bedingungen des kubanischen Binnenmarktes angeboten, die jedoch nicht weltmarktgerecht sind. 500 westliche Unternehmen sollen sich inzwischen in der Freihandelszone angesiedelt haben, die meisten von ihnen sind Mini-Dienstleistungsunternehmen mit insgesamt weniger als eintausend Mitarbeitern. Mariel ist eine herbe Enttäuschung für die kubanische Regierung. Der Tourist kann über eine perfekt angelegte, zugleich jedoch weitgehend leere Autobahn bis zu einem kleinen Hügel fahren und von dort die ruhige Stadt, den imposanten Neubau des Hafens und das ausgedehnte, aber starre Industriegebiet betrachten.

MARIPOSA
Schmetterlingsjasmin

Die Nationalblume Kubas stecken sich Frauen in ihr Haar, sie wird in einem berühmten Schnulzenlied besungen und schmückt zudem Kirchenaltare sowie Friedhöfe.

Es ist schon ein Kreuz mit Kubas Nationalblume. Auf den Gräbern von Friedhöfen ist sie häufig zu sehen, in der Natur eher selten. Kaum einer riecht an ihr, dabei duftet sie durchdringend nach Jasmin, nur etwas süßer. Jeder Kubaner zwischen neun und 90 Jahren kennt das Lied auswendig. Es ist ein Höhepunkt sämtlicher Familienfeiern, weil es so ein schön sentimental-schnulziges Liebeslied ist. Aber einmal kam der Blume eine überragende Bedeutung zu. In den Unabhängigkeitskriegen sollen sich Frauen deren Blüten in die Haare gesteckt haben, aber in diesen Blüten steckten geheime Nachrichten für die Unabhängigkeitskämpfer. Wahrscheinlich ist diese Legende übertrieben, das reichte jedoch, um der Pflanze in Kuba eine quasi übernatürliche Bedeutung zu verleihen. Neben der Königspalme, dem bunten Vogel Tocororo, der Hymne La Bayamesa und der kubanischen Flagge wurde sie zu einem der fünf Nationalsymbole Kubas. Jahr für Jahr blüht sie so vor sich hin, leuchtet mal weiß und auch gelblich in die Gartenlandschaft hinein. Von ihrer mystischen Überhöhung hat sie bis heute noch rein gar nichts mitbekommen. Sie stammt ursprünglich nicht aus Kuba, sondern aus Mikronesien, also weit über den Pazifik, aber das wiederum weiß auch kaum ein Kubaner.

MASONES
Die Freimaurer

Wir kennen die Freimaurer nur noch aus Legenden und vom Hörensagen. In Kuba nehmen ihre kleinen regionalen Vereine eine wichtige soziale Rolle ein, einzigartig in der sozialistischen Gesellschaft.

Wenn der Besucher durch Kubas Städte spaziert oder auch nur durch diese hindurchfährt, werden ihm Häuser auffallen, die besser erhalten sind als die umliegenden. Unter ihren Giebeln sind eigenartige Zeichen zu erkennen: Winkelmaß und Zirkel, oftmals auch ein stilisiertes Auge in einem Dreieck. Es sind die Symbole der Freimaurer. Französische Emigranten brachten sie einst aus Haiti nach Kuba. Dort wurden sie bereitwillig aufgenommen. Zahlreiche Künstler, Politiker und Wissenschaftler waren in ihren lokalen Zusammenschlüssen (den sogenannten Logen) Mitglied. Später beförderten sie den Unabhängigkeitskampf gegen Spanien. Seitdem waren sie zahlreich in der Mittel- und Oberschicht vertreten. Sogar die ersten drei Präsidenten Kubas waren Freimaurer. Nach der Revolution wurden alle selbständigen bürgerlichen Vereine verboten, eigenartigerweise jedoch nicht die Freimaurer. Vielleicht lag es an dem Apostel Kubas, José Martí, der ebenfalls einer solchen Loge angehörte. Diejenigen Freimaurer, die den Sozialismus ablehnten, emigrierten und gründeten in den USA neue Logen. Allerdings hielten sie engen Kontakt zu ihren Brüdern, die unter den sozialistischen Bedingungen die alten Logen weiterführten, und unterstützten den Erhalt der Logengebäude. Auf zahlreichen Friedhöfen gehören die Sammelgräber der Freimaurer zu den am besten erhaltenen, so auch im Cementerio Colón (# 33). Unter den gegenwärtigen Bedingungen Kubas versuchen sie weiterhin nach ihren fünf Idealen zu leben: Freiheit, Gleichheit, Brüderlichkeit, Toleranz und Humanität. Außerhalb der Kirchen sind sie die einzige vom Staat unabhängige Institution, die sich umfangreich karitativ in der kubanischen Gesellschaft betätigt.

Hauptgebäude der kubanischen Freimaurer in der Avenida Salvador Allende (Carlos III.) in Havanna

MATAR PUERCOS

Das Schweineschlachten

Privates Schweineschlachen hat auf Kuba eine jahrhundertealte Tradition. Heute werden in allen Dörfern und am Rande der Städte tagtäglich zahllose Schweine geschlachtet, allerdings unter unsäglichen Bedingungen, die jedoch kaum einen Kubaner stören.

Als Kind lebte ich in einer mitteldeutschen Kleinstadt. Im Stall neben dem Haus meiner Eltern wurden auch Schweine gemästet, vor Weihnachten in der Waschküche geschlachtet und alles von ihnen sofort verarbeitet. Später habe ich dies in meiner neuen Heimat am Rande Kölns gleichfalls mehrfach mitgemacht, allerdings unter den Bedingungen deutscher Gesetze und Vorschriften. Das meiste Schweinefleisch, welches ich in Kuba kaufe, kommt von privaten Züchtern, auf deren Höfe die Schweine direkt geschlachtet werden. Auch das wollte ich erleben. Für einen deutschen Tierschützer wäre dies das reinste Grauen, aber Bedingungen wie in Deutschland sind auf Kuba nicht vorhanden. Die konkreten Umstände zu schildern, würde den Rahmen dieses Buches sprengen. Indessen wird jeder Schlachttag für die gesamte Familie zu einem Fest. Am Abend können dann alle so viel essen, wie sie wollen, und das, was übrigbleibt, wird langfristig konserviert, ebenso unter primitiven Bedingungen, aber andere haben die Kubaner nicht. Außer tiefgefrorenen Hühnerteilen, die zumeist aus Brasilien kommen, verfügen die Kubaner kaum über anderes Fleisch. Es ist ein wesentlicher Bestandteil ihrer Ernährung. Vegetarier sind nur vereinzelt in größeren Städten anzutreffen. In Havanna kenne ich ein vegetarisches Restaurant mit einem bescheidenen Angebot. Der westliche Besucher sollte seine moralischen Überzeugungen nicht aufgeben, aber die Bedingungen seines Gastlandes und die Ansichten seiner Bewohner respektieren, nicht anders als in zahlreichen seiner bisherigen Urlaubsländer.

MANSIÓN XANADÚ

Das du-Pont-Hotel

Das Hotel Xanadú ist die Perle Varaderos, fast 90 Jahre alt, ein architektonisches Schmuckstück und auch innen original erhalten. Von seiner Bar aus im dritten Geschoss bietet sich ein traumhafter Blick über Golfplatz, Varadero und das Meer.

In einem amerikanischen Reiseführer von 1938 steht: »Varadero Beach, Cuba's most beautiful bathing Beach, Xanadu – Residence of Mr. Irénée du Pont.« Du Pont war der Eigentümer des damals größten amerikanischen Chemiekonzerns. Er erwarb die sich an das Dorf Varadero anschließende Halbinsel, baute für sich auf der einzigen Klippe eine Villa im kolonialen Stil, parzellierte die Halbinsel und verkaufte sie an vermögende US-Interessenten. Nachdem er damit Erfolg hatte, errichtete er für sich und die Besucher einen Golfplatz, eine Marina sowie eine noch heute zu erkennende Landebahn für kleinere Flugzeuge. Der Ruhm von »Varadero« begann, aber der seiner Villa überlebte alle Zeiten. Nach der Revolution wurde sein Schmuckstück zu einem exquisiten Hotel für ausgewählte Gäste umgewandelt. Heute kann jeder Besucher, der Interesse hat, in einem Haus voll Geschichte und Geschichten übernachten. Er muss dafür nichts weiter tun, als zu bezahlen. Früher wählte das Geld die Besucher aus, dann die Politik und heute wieder das Geld. Die anderen Touristen können wenigstens im alten Speisesaal vornehm dinieren, allerdings zu höheren Preisen als die Qualität der Küche es rechtfertigt. Eine Fahrt mit dem originalen Fahrstuhl zu einem Raum, der das ganze dritte Geschoss einnimmt, ist hingegen weitaus aufregender. Dort kann man an der Bar bessere Cocktails genießen als in seinem All-inclusive-Hotel, aber zu internationalen Preisen, bei Saxophonmusik ins Träumen geraten, und – so Mann denn will – eine Zigarre genießen. Unabhängig davon – und kostenlos – ist die Aussicht auf den Golfplatz und auf den Strand von Varadero, vor allem jedoch auf das Meer, insbesondere bei Sonnenuntergang.

MÉDICO DE LA FAMILIA

Der Familienarzt

Eine Säule des kubanischen staatlichen Gesundheitssystems ist der Familienarzt, woran Glanz und Elend dieses Systems zu erkennen sind.

Der westliche Besucher Kubas wird niemals mit einem kubanischen Familienarzt zu tun haben, vielleicht noch nicht einmal ein entsprechendes Hinweisschild an einem Haus beachten. Dahingegen ist der Kubaner von Kindheit an mit der Einrichtung des Familienarztes verwoben, in der allerdings zumeist Ärztinnen die Familien betreuen, die – ebenfalls zumeist – kurz vor dem Rentenalter stehen. In jedem kleinen Stadtgebiet oder Dorf ist dafür in einem größeren Wohnhaus eine Wohnung als Stützpunkt für die unmittelbare medizinische Betreuung der gesamten Familie eingerichtet. In ihr sind Ärztin oder Arzt zusammen mit einer Krankenschwester tätig. Die Krankenschwester ist immer anwesend, während Ärztin oder Arzt heute zumeist zwischen zwei oder drei Stützpunkten pendeln müssen. Ihre technische Ausrüstung besteht aus einem Stethoskop und einem Blutdruckmessgerät. Diagnostiziert der Familienarzt kleinere Krankheiten, übernimmt er auch die medikamentöse Betreuung, einschließlich von Spritzen setzen oder dem Nähen kleinerer äußerer Verletzungen. Bei größeren bzw. ernsthafteren Erkrankungen wird der Patient an eine Poliklinik oder an ein Krankenhaus überwiesen. Dieses System ist ganz offensichtlich nicht mit unserem System des Hausarztes zu vergleichen. Die kubanischen Ärzte haben zuvor meistens in einem Krankenhaus gearbeitet, sind breit ausgebildet, jedoch mit stark schwankender Qualität und eben nicht spezialisiert. Deshalb werden sie in dieser ärztlichen Erstversorgung eingesetzt. Für den Kubaner ist der Familienarzt die erste Anlaufstelle im kubanischen Gesundheitssystem. Er kennt kein anderes.

CONSULTORIO MÉDICO
DE LA FAMILIA No.29
Policlínico Vedado

MOA

Umweltzerstörung in Kuba

Es ist das größte Bergbaugebiet Kubas und zugleich seine größte Umweltzerstörung. Den kanadischen Betreiber stört das nicht weiter und die internationalen Umweltschützer schauen weg.

Nach der Unabhängigkeit Kubas von Spanien (1899) floss umfangreich US-amerikanisches Kapital in das Land. Amerikanische Geologen erkundeten die Insel, entdeckten dabei wertvolle Nickelvorkommen und begannen mit deren Abbau, was zu einem der wichtigsten Wirtschaftszweige Kubas wurde. Nach der Revolution lag der Bergbau in Moa etliche Jahre still, weil die meisten Fachkräfte emigriert waren. In den 90er Jahren schloss die kubanische Regierung einen Vertrag mit dem kanadischen Bergbauunternehmen Sheritt International, das zukünftig die Führung des Nickelabbaus und anderer Stahlveredler übernahm. Unter der Erde der Umgebung Moas liegen ca. 30 Prozent der bisher weltweit entdeckten

Nickelvorkommen. Kuba ist ungefähr der achtgrößte Produzent. Wenn sich der Besucher dem an der Nordostküste Kubas gelegenen Moa nähert, sieht er bereits aus der Ferne graue, braune und schwarze Rauchfahnen aus den Schornsteinen aufsteigen. Um die Bergwerke herum ist die Natur zerstört, Erde und Gewässer sind giftig rotbraun gefärbt. Es ist eine Albtraumlandschaft. Überall stehen Schilder: Fotografieren strengstens verboten! Einmal fuhr ich durch Moa in Richtung Baracoa, hielt nahe dem Stahlturm eines Bergwerkes an, stieg aus, zückte meinen Fotoapparat und schon stand ein Polizeiwagen neben mir. Mit etwas Glück konnte ich unbehelligt weiterfahren. Allerdings war Moa für mich nichts Ungewöhnliches. In den früheren Ostblockstaaten und vor allem in der Sowjetunion hatte ich zuvor schon ähnliche Naturvergewaltigungen erlebt. In Europa ist Moa durchaus bekannt, in Kuba darf darüber nicht berichtet werden.

»Verbotener« Blick auf eine Nickelgrube in Moa im Osten Kubas

MOJITO

Der Cocktail von Welt

Zusammen mit der Zigarre gilt auch der Mojito als Beitrag Kubas zu Weltkultur, wenn unter Weltkultur auch Essen und Trinken verstanden werden. Doch gleich wie der Tourist darüber denken mag, der Kubaner ist stolz auf seinen Mojito.

Im Osten Kubas, in Santiago, soll der erste Mojito kreiert worden sein. Auf jeden Fall war die Erfindung des weißen Rums durch den ersten Bacardí die unentbehrliche Grundlage dafür. Hinzu kommen Zucker, sprudelndes Mineralwasser, Limonensaft und Hierba Buena. Der bei uns dafür häufig benutzte Zitronensaft und die Minzeblätter ergeben keinen Mojito, sondern ein geschmacklich grauenhaft verfälschtes Gesöff. Wem dies reichlich übertrieben vorkommt, sollte einfach nur nach Kuba fliegen und den Unterschied selber feststellen. Allerdings werden auch in den meisten Bars auf Kuba die Hierba Buena Stängel nicht mit einem Holzmörser zerdrückt, sondern nur als Deko in ein Glas hineingesteckt. Gleichfalls wird auch keine Limone frisch ausgepresst, sondern vorbereiteter Saft wird verwendet. Das ist, als ob deutsches Bier aus Reis und chemisch erzeugtem Hopfensaft gebraut würde. Doch was sollen die armen Barkeeper machen, wenn die Touristen plötzlich dutzendweise in ihre Promikneipen einfallen? Es gibt in Havanna, in Santiago und anderenorts noch kleinere Bars, die originale Mojitos servieren, aber wenn ich diese hier anführen würde, gäbe es dort alsbald auch keine mehr.

MONTAÑAS
Gebirgslandschaften

Der höchste Berg der Karibik erhebt sich nicht über Kuba, sondern befindet sich mit über 3.000 Metern in der Dominikanischen Republik, aber nirgendwo sonst in der Karibik finden sich derart zahlreiche und aufregende Mittelgebirge wie auf Kuba, die zumeist sogar noch unerschlossen sind.

Bisher ist Kuba fast ausschließlich für seine imponierenden Strände bekannt, völlig zu Recht, denn die überwältigende Mehrheit der Touristen kommt wegen eines ausgiebigen Badeurlaubs. Zwar haben die meisten Besucher schon einmal etwas von der Sierra Maestra gehört, aber wer weiß schon, dass es auf Kuba noch vier weitere Gebirge gibt, mit Bergen auch über eintausend Meter? Sicherlich wäre das für einen alpinen Bergwanderer reine Zeitverschwendung, aber nicht für den Besucher, der beim Gebirgs-

wandern Erholung und auch ein wenig Abenteuer sucht. In diesen Gebirgen sind Wanderwege selten, zudem gibt es in den meisten dieser Gebirgsregionen nur wenige und bescheidene Unterkunftsmöglichkeiten, dafür jedoch eine Vogel- und Pflanzenwelt, wie sie aus europäischen Mittelgebirgen völlig unbekannt ist. Also genau das, was abenteuersüchtige Besucher erwarten.

Die umfangreichsten Gebirge Kubas mit ihrem jeweils höchsten Berg sind: Sierra Maestra, Pico Turquino 1974 m, an der Ostküste bei Santiago; Sierra del Escambray, Pico de San Juan 1156 m, an der Südküste bei Cienfuegos; Sierra de Cristal, Pico Cristal 1231 m, an der Nord-Ost Küste bei Mayarí; Cuchillas de Moa, Pico El Toldo 1175 m, an der Ostküste bei Moa; Sierra del Purial, Pico del Gato 1176 m, an der Ostküste bei Baracoa. Das Abenteuer kann beginnen!

MOROS Y CRISTIANOS
Lieblingsessen der Kubaner

Das kubanische Leibgericht klingt für deutsche Ohren mehr als nur ungewöhnlich. Außerdem: Geht das überhaupt, Reis und Bohnen zusammen zu kochen? Bereits mit seinem einfachsten Gericht überzeugt Kuba kulinarisch.

Als mich meine Schwiegereltern zum ersten Abendessen einluden und die Schwiegermutter mir stolz Moros und Cristianos präsentierte, schaute ich, versteckt fragend, meine zukünftige Frau an. Ist das nicht ein wenig rassistisch, ein Essen »Mauren und Christen« zu nennen? Ist es nicht! Und kein farbiger Kubaner würde daran jemals Anstoß nehmen. Die Political Correctness hat Kuba noch nicht erreicht. Das Gericht ist einfach zu kochen, es schmeckt und sättigt. Zumeist wird es mit gebratenem Schweinefleisch oder Hühnchen gegessen, oder auch nur für sich allein mit Salat. Je nach persönlichem Gusto werden dafür braune Bohnen oder schwarze (dann heißt es Congrí) verwendet. Zuerst werden die Bohnen in Wasser gekocht. Falls jedoch Schweineknochen verfügbar sind, wird mit ihnen eine Brühe mit Lorbeer, Piment, Zwiebeln, Knoblauch, Suppengrün, Kreuzkümmel und gegebenenfalls auch anderen Gewürzen zubereitet, dann die Brühe klären und darin die Bohnen kochen. Die Bohnen werden herausgenommen und der Reis im Bohnen-Fond gekocht, zuletzt wird der Reis mit den Bohnen vermischt. In einer normalen kubanischen Familie kommen die »Mauren und Christen« wenigstens einmal in der Woche auf den Tisch. Auch in zahlreichen Paladares (# 105) gehören sie zum Stammgericht und sind ebenso bei den Touristen beliebt.

MOSQUITOS

Böse Blutsauger

Die gefährlichsten Raubtiere Kubas sind sehr klein, ungemein zahlreich, schleichen sich unbemerkt an den Menschen heran, zuweilen aber auch überfallartig und rauben diesen ihr Blut.

Mosquitos sind keine kubanische Spezialität, in fast allen tropischen Urlaubsländern sind sie die unangenehmste Plage, vor allem abends. In den kubanischen Resorts der Touristen sind sie nicht ganz so häufig wie auf dem flachen Land oder im Gebirge. Am sichersten vor ihnen ist man in einem Hochhaus ab dem zehnten Stockwerk. Bis dahin können sie nicht fliegen, aber wer will im Urlaub schon in einem Hochhaus wohnen. Am gefragtesten sind Menschen mit Blutgruppe 0, und wenn die nicht zur Verfügung steht, gehen die Biester auf B. Also beim Zusammentreffen mit anderen Touristen sollten Sie immer erst nach deren Blutgruppe fragen, und sich dann direkt neben 0 oder B stellen, dann kann Ihnen nichts passieren. Allerdings können auch die kubanischen Mosquitos unheilvolle Krankheiten übertragen, zwar keine Malaria, die in Kuba nicht vorkommt, aber das gefährliche Dengue-Fieber. Dagegen geht die Regierung rigoros vor, indem sie in den Hotelanlagen ein Gas-Öl-Gemisch versprühen lässt. In den Städten und Dörfern gehen die sogenannten »Fumigadores« mit einem tragbaren Sprühgerät von Haus zu Haus. Das Gerät wird von einem kleinen Benzinmotor angetrieben und verbreitet einen höllischen Lärm, vor dem die Mosquitos eigentlich schon flüchten müssten. Die Fumigadores sind berechtigt, in jedes Haus zu gehen und dieses auszuspritzen, es sei denn, man hat Asthma, wie ich regelmäßig, wenn die Typen vor meiner Gartentür stehen. Ein handelsüblicher Insektenschutz reicht für die kubanischen Blutsauger jedoch völlig aus.

In den Straßen werden auch Lkw zur Mückenbekämpfung eingesetzt, und zwar rigoros.

»Mosquiteros« auf Hausbesuch

MUCHÍSIMAS GRACIAS

Kubanische Dankbarkeit

Überschäumende Dankbarkeit ist ein wichtiger Teil der Mentalität aller Kubaner. Zuweilen ist sie nicht mehr als nur eine reine Formalität, aber oftmals doch eine herzliche Zuneigung.

Im Alltag fließt der Kubaner vor Dankbarkeit über. Versucht der Tourist ihn dabei nachzuahmen, wird das, was er seiner Meinung nach als Übertreibung äußert, von den Kubanern in der Regel als Untertreibung verstanden. Der »allerherzlichste Dank« (muchísimas gracias) wird als Superlativ eingefügt, wenn der Kubaner sich bedankt, beispielsweise für ein Geschenk oder auch nur für eine schlichte Auskunft, und selbstverständlich ebenso für ein hohes Trinkgeld. Soll es knapper geraten, ist wenigstens ein »Danke, mein Bruder« – »gracias mi hermano« angebracht. Wenn nach einem Weg gefragt wird oder der Kubaner sich erkundigt, in welchem Geschäft gerade Öl oder Eier verkauft werden, schönt er die Anfrage mit einem »Mein Herzchen – mi corazón«, »Meine Liebe – mi amor« und sogar »Mein Leben – mi vida« oder » Mein Himmel – mi cielo«. Recht ungewöhnlich für deutsche Ohren klingen Zurufe direkt über die Straße oder in einem Autobus wie »Mami« oder ein »Papi«, auch zwischen völlig unbekannten Menschen. Kubaner haben's gern ein wenig süßlicher, nicht nur im Geschmack ihrer Süßspeisen, sondern auch im Umgang miteinander. Nicht höfliche Distanz wie in Deutschland, sondern Nähe und Empathie sollen vermittelt werden. Es wäre eine Untertreibung, dabei zu meinen, die Kubaner würden übertreiben. In Kuba ist es immer besser, heftig zu übertreiben, als sich in Zurückhaltung zu üben.

Churros-Verkauf am Straßenrand, immer mit einem Lächeln!

MUSEO NACIONAL DE BELLAS ARTES – ARTE UNIVERSAL

Das beste Kunstmuseum Lateinamerikas

Möchte der Besucher auf Kuba etwas vom Reichtum der früheren kubanischen Oberschicht erfahren, muss er in Havanna in das Museum für Alte Kunst gehen. Er wird dort vor Kunstwerken stehen, die er niemals auf einer karibischen Insel vermuten würde, allerdings auch nicht den Kunstgeschmack dieser Oberschicht.

Das Museum für Alte Kunst ist das international bedeutendste Kunstmuseum Kubas, aber es wird nur spärlich besucht. In keinem lateinamerikanischen Land findet es seinesgleichen. In den USA wird es nur vom MoMA übertroffen, aber dessen Sammlungen beginnen erst ungefähr ab 1850. In Havanna wird auf vier Etagen von ägyptischen Mumien, griechischen Vasen und römischen Skulpturen über Gemälde von Canaletto, Giordano, Guardi, Velázquez, Delacroix, Murillo, van Dyck, Gainsborough oder Constable bis hin zu Zeichnungen von Dürer und Rembrandt ein Überblick zur europäischen Kunstgeschichte geboten. Woher kommt diese schier unvorstellbare Fülle von Kunstwerken (von ca. 5.000 sind nur ca. 600 ausgestellt)? Der Museumskatalog gibt eine Antwort: »Nach der Revolution wurde das Museum um Werke bereichert, die das Ergebnis der Enteignungen unangemessenen Privatbesitzes waren.« Wir kennen Ähnliches aus unserer Geschichte. Um ihr Leben zu retten, flohen die Besitzer oder kauften sich mit ihren Kunstwerken frei. Der kubanische Staat hat Restitutionen gesetzlich kategorisch ausgeschlossen. 60 Gemälde deutscher Maler sind ausgestellt, darunter Lucas Cranach d. Ä. und d. J. Ich weiß jedoch nicht, wie lange noch, schon allein deshalb gehe ich häufig in dieses Museum. Ich genieße dort Kunstsammlungen, die in Europa – außer im französischen Louvre – nicht unter einem Dach zu finden sind.

MUSEOS

Ein ganzes Land als Museum

Wer einmal Kuba besucht hat, muss in Deutschland nie wieder in ein Museum gehen. Ganz Kuba ist ein Museum, überwältigend in der Vielfalt, atemberaubend im Detail und abstoßend im Verfall.

Wahrscheinlich werden etliche von Ihnen auch bereits Venedig besucht haben. Vergessen Sie Venedig! Venedig ist eine kleine Stadt, sicherlich eine wohlbewahrte und eine romantische, zugleich jedoch auch eine, die von Touristen überquillt. Bei einer Reise durch Kuba wird Ihnen das ganze Land wie ein Museum vorkommen, und Sie können sich alles ungestört anschauen. Die Häuser zahlreicher kubanischer Städte führen Sie durch 500 Jahre Architekturgeschichte. Die anderen Häuser werden Ihnen vielleicht wie eine Reise in den Sozialismus ohne Architektur vorkommen. Die Oldtimer auf den Straßen würden Automobilmuseen in allen westlichen Ländern füllen. Die Ruinen von Fabriken werden Sie an ein vergangenes Industriezeitalter erinnern.

Ein Reiseführer listet in Havanna 75 Museen auf, allein in der Hauptstadt. In jeder mittleren Stadt gibt es wenigstens ein Heimatmuseum, in jedem Dorf ein liebevoll bewahrtes Zimmer zum Gedenken einer berühmten Persönlichkeit und in etlichen Städten künden frühere Privatmuseen von der Sammlerleidenschaft eines vermögenden, zugleich auch von der Kunstleidenschaft eines selbstbewussten Bürgertums, von dem wir kaum etwas wissen. Vielleicht fragen Sie mich jetzt nach einem Tipp. Ich gebe Ihnen gleich drei: In Havanna das skurrile Museo Napoleónico (eine früher private und selbsterklärende Sammlung), ebenso dort das Museo Nacional de Artes Decorativas (gleichfalls eine ungemein imposante Zusammenstellung privater Möbel und Einrichtungsgegenstände in einem Palast von 1927) und in Cárdenas (Nähe Varadero) das Museo Óscar María Rojas (nach Bacardí in Santiago das zweitälteste Museum Kubas mit der ältesten privaten naturwissenschaftlichen Sammlung).

Festungsgang im Museum »Castillo de la Real Fuerza« in Havanna

NESTLÉ

Wasser, Cola, Eis und Maggi

Nestlé ist das größte Nahrungsmittelunternehmen der Welt. Seit über einhundert Jahren ist es auch auf Kuba aktiv. Heute ist es wieder mit zahlreichen Produkten in jedem Geschäft vertreten, vor allem dominiert es mit Wasser und mit Erfrischungsgetränken.

Das Mineralwasser Kubas heißt Ciego Montero, es wird als stilles oder sprudelndes geliefert. Es steht in jedem Hotelzimmer eines Touristen, steckt im Rucksack eines jeden Backpackers und liegt in jedem Mietwagen. Es soll von einer alten Quelle in der Nähe von Cienfuegos an der Südküste Kubas abgefüllt sein. Kontrolliert werden kann das nicht, das tut Nestlé für uns, denke ich mal so. Auch die kubanische Cola (Tu Cola – Deine Cola), das kubanische Fanta- und Sprite-Imitat werden in kubanischen Werken von Nestlé abgefüllt. Jeder Tourist in Kuba trinkt Nestlé, der Kubaner weiß von diesem Joint-Venture seines Staates mit dem größten kapitalistischen Nahrungskonzern so gut wie nichts. Zwar ist Nestlé das einzige Unternehmen, das auf etliche seiner Produkte in Kuba auch seinen Namen schreiben darf, beispielsweise auf das Eis, aber das identifiziert der Kubaner nicht und anderes gibt es sowieso kaum. Bei Nescafé und Nesquik ist es sogar schon im Produktnamen enthalten. In kaum einem anderen Land hat dieses Schweizer Unternehmen eine derartige Monopolstellung wie in Kuba. Wie viel Gewinn Nestlé damit erzielt, verrät das Unternehmen nicht, ebenso wenig, ob es diesen angesichts der Devisenknappheit aus Kuba auch tatsächlich herausziehen könnte, wodurch er erst zu einem richtigen Gewinn würde. Ab 2020 soll eine neue kubanische Nestlé-Fabrik in der Freihandelszone Mariel (# 88) entstehen. Der aktuelle Zustand dieser größten Investition in Mariel ist offiziell jedoch nicht bekannt, was in Kuba immer auf Probleme hinweist.

Nestlé
Nesquik
N°1 en Cuba
CIEGO
ONTERO
SIN
Nestlé
Nesq
VIT D
HIERRO
ZINC
OPTI-
START
COMPLEMENTANDO LOS
BENEFICIOS DE LA LECHE
Si una porción es : 14g de NESQUIK
+ 200ml de leche semidescremada
Una porción de 240 ml aporta:
Azúcares Totales
90 kcal
25 %
ELADOS
Nestlé
HELADOS CON AGREGA
REFRES
CIEG
MONT
DIETÉ

NOMBRE DE CALLES

Straßennahmen

In Kuba haben alle Straßen auch einen ordentlichen Namen, eine Adresse findet man damit jedoch noch lange nicht, die Angabe der Ecke macht es.

In der Regel sind in den kubanischen Straßen die Häuser durchnummeriert. Zumeist hilft dies nicht, um eine Adresse aufzufinden. Entweder verdecken grüne Hecken die Hausnummern oder sie sind gar verlorengegangen, und in etlichen Straßen können die Nummern auch schon mal weit jenseits der 100 liegen, sodass sich eine Orientierung mühselig gestaltet. Wird eine Adresse gesucht, reichen Name der Straße und Hausnummer nicht aus. Deshalb wird die Angabe der Hausnummer stets durch eine Angabe zur Straßenecke ergänzt oder es werden zusätzlich zwei weitere begrenzende Straßen angeführt. Beispielsweise liegt der in diesem Buch als erster Punkt angeführte Markt (19 y B) in der 19. Straße von Havanna, im Stadtbezirk Vedado. Allerdings gibt es fünf weitere Stadtbezirke, in denen ebenfalls eine 19. Straße vorkommt, und zusätzlich sechs weitere mit 19A und 19B. Deshalb wird die Adresse des Marktes mit 19 (die Hauptstraße) y (und) B (an der Ecke zur Nebenstraße B) angeführt. Diese Adresse gibt es nur im Stadtteil Vedado. Gelegentlich erhalten markante Gebäude auch den Namen ihrer Adresse. Beispielsweise liegt der größte Supermarkt Havannas in der 70 y 3, und genauso heißt er auch. Manchmal wird auch nur der Name der Hausecke angegeben, wie bei dem in diesem Buch erwähnten Museo Napoleónico: San Miguel esq. (esquina – Ecke) a Ronda; Straße San Miguel in Richtung der Ecke zur Straße Ronda. Ebenso kann eine Adresse auch durch die Angabe von Straßen präzisiert werden, zwischen denen sie sich befindet. Beispielsweise liegt das Museum für Simon Bolivar in der Mercaderes entre (zwischen) Obrapía y (und) Laparilla. Die Orientierung in Kuba ist also sehr praktisch organisiert. Übrigens gibt es in Kuba auch Postleitzahlen, die keiner kennt und niemand benutzt.

23 y M
DITU

LAZADA
CDA.
PALATINO

104

OLDTIMER

Frankenstein-Autos

Gelegentlich bringt die Geschichte schier unglaubliche Skurrilitäten hervor. Kuba schlägt damit alle anderen Länder der Erde, am eindrucksvollsten mit seiner staatlich verordneten Sammlung von Oldtimern, aber nicht in Museen, sondern auf den Straßen.

In allen Reiseführern wird Kuba als ein Oldtimerparadies angepriesen. Falls Sie sich jemals mit einem Taxifahrer in einem der uralten amerikanischen Blechungetüme unterhalten haben oder auf der Straße neugieriger Betrachter einer ungewollten Reparatur eines derartigen Ami-Schlittens gewesen sind, dann sind Sie schlauer als alle diese superschlauen Reiseführer. Dann wissen Sie nämlich, dass es in Kuba so gut wie keine Oldtimer mehr gibt, sondern fast nur noch Frankenstein-Autos. Die richtigen Oldtimer stehen versteckt in Garagen und warten auf ihre große Zeit zum Export in die USA. Die kubanischen Frankenstein-Autos bestehen beispielsweise aus einem Hyundai-Motor, einer Renault-Bremsanlage, einem Toyota-Getriebe und aus chinesischen Reifen. (Aber das alles steckt in einer amerikanischen Karosse!) Sie fahren auch kein teures Benzin, sondern »organisierten« Diesel. 1960 verbot Kuba die Importe westlicher Autos und Fidel erklärte die alten Ami-Schlitten zum nationalen Kulturgut. Später importierte Kuba sowjetische Ladas. Falls Sie diese zu den richtigen Autos zählen sollten, wären die meisten von ihnen heute tatsächlich Oldtimer, denn sie wurden nicht umgebaut, es lohnte sich nicht. Von den heute 60.000 zugelassenen Pkw sollen etwa 50.000 älter als 35 Jahre sein. Vor 20 Jahren begannen auch wieder Importe westlicher Modelle, zumeist für den Bedarf der Regierung und als Mietwagen. Wirklich moderne Autos sind in Kuba seltener als ein grönländisches Auto in Deutschland.

CUBA
P 187 975

TAXI

PALADARES

Private Restaurants

Nach vier Jahrzehnten ausschließlich staatlicher Speisung ist in Kuba die private Gastronomie wieder aufgeblüht und hat trotz zahlreicher Beschränkungen bemerkenswerte Küchen hervorgebracht.

In den Jahrzehnten vor der Revolution galt die Gastronomie in Havanna als die beste in beiden Teilen Amerikas. 1968 verstaatlichte die kubanische Regierung die letzten kleinen Privatgeschäfte, darunter auch Handwerker, gastronomische Zulieferer und sämtliche privaten Restaurants. Die in den folgenden Jahrzehnten aufgewachsenen Generationen von Kubanern hatten nur geringfügige Kenntnisse von geschmackvoll zubereiteten Speisen und überhaupt keine Vorstellung von einer gehobenen Küche. Die ersten privaten Restaurants mit dem staatlich verordneten Namen »Paladar« (Gaumen) wurden wie eine Sensation bestaunt. Sie unterlagen – und unterliegen in vielen Bereichen bis heute – strengen Vorschriften, beispielsweise nur in Privaträumen und nur mit fünf Tischen. Mit dem Aufschwung des Tourismus ließ sich das meiste davon nicht mehr durchhalten, und heute sind zahlreiche Verwandte der Oberen aus Regierung und Partei stille Teilhaber von Paladares, weil auch sie auf den Geschmack gekommen sind und nichts gegen zusätzliche Einnahmen einzuwenden haben. Heute gibt es in Havanna bessere kubanische Restaurants als in Miami. Allerdings kochen diese für westliche Besucher unter unvorstellbaren Bedingungen. Beispielsweise existiert kein Großhandel zum Einkaufen der Ware, sämtliche Lieferwege werden privat organisiert, die meisten Küchengeräte müssen im Ausland erworben und auf riskanten Wegen nach Kuba gebracht werden, ebenfalls die meisten Gewürze. Oftmals drückt dann nach einiger Zeit der Ansturm der Touristen das Niveau, oder die Besitzer haben bereits genug Geld verdient. Trotzdem kann eine Entdeckungsreise zu den besten Paladares zu einem spannenden Erlebnis geraten.

Gerichte aus dem privaten Restaurant (Paladar) »Élite« in Havanna

106

PALMA REAL

Königspalmen wahrlich königlich

Sie ist eines von den fünf nationalen Symbolen Kubas, und nur dieses eine wird wohl jeder Besucher zu Gesicht bekommen, denn stolz reckt sich diese Palme in den Himmel hinein.

Bereits von Weitem ist die Königspalme zu erkennen. Sie sieht aus wie ein dünner grauer Betonmast mit etwas Grünzeug obendrauf. Steht man jedoch direkt vor ihr, muss man seinen Kopf weit in den Nacken legen, um ihre Früchte und die Palmenwedel zu erkennen. 40 Meter hoch können sie werden. Bis auf die oberen Gebirgsregionen ist sie überall in Kuba verbreitet, sehr selten als einheitlicher Hain, zumeist locker in der Landschaft verteilt. Einst wurde sie auch als romantische Allee angepflanzt, wie beispielsweise entlang der Auffahrten zu den Herrenhäusern von Tabakfarmern oder zu den Villen von Zuckerrohr-Großgrundbesitzern. Diese wussten damals, was Eleganz bedeutet, für die bis heute die Königspalme steht und sich elegant im Wind bewegt. Keine andere Palme erregt die Aufmerksamkeit der Besucher Kubas so wie diese. Auf Grund ihrer Erscheinung passt ihr königlicher Name tatsächlich. Alles an ihr kann wirtschaftlich genutzt werden: Stamm und Wedel zum traditionellen Hausbau, die Sprossen der jungen Blätter als Gemüse und die Früchte als Viehfutter. Da sie keine Kokosnüsse trägt, können diese auch nicht auf Köpfe fallen. Im Unterschied zu zahlreichen anderen Palmen ist sie nicht aus anderen Ländern nach Kuba eingeführt worden. Kuba ist ihre ursprüngliche Heimat, von der aus sie sich über die karibischen Inseln bis nach Mittelamerika verbreitete.

PAN CON LECHÓN

Kubanischer Hamburger

Zerfasertes Fleisch von einem kleinen gegrillten Schwein in einem Brötchen, ähnlich einem Milchbrötchen, mit Salz und je nach Geschmack auch mit einer leicht säuerlichen oder scharfen Soße, das ist der Hamburger Kubas.

Das Brötchen mit zerkleinertem Schweinefleisch von einem zarten jungen gegrillten Tier ist der Höchstgenuss des kubanischen Fastfoods. Entlang der autobahnähnlichen Straße vom Stadtrand Havannas bis zum Ortseingang von Matanzas (das ist der Weg nach Varadero) befinden sich zu beiden Seiten garantiert an die zwanzig private Häuschen, von denen aus hausgemachte »Brötchen mit Schweinefleisch« angeboten werden. Der fremde Autofahrer, der nicht wenigstens an einem der Häuschen anhält, um ein »pan con lechón« zu probieren, hat Kuba noch nicht auf der Zunge gehabt. In der Vergangenheit habe ich zahlreiche Gerichte in verschiedenen Ländern getestet. An dieser Straße habe ich an einem Vormittag zehn Brötchen probiert, es hätten auch noch mehr sein können, aber ich konnte keine weiteren Bierchen dazu trinken. Quer über Kuba tauchen an den Straßen urplötzlich völlig spontan kleine Tische auf, und dahinter ein archaischer Grill mit dem Ferkel. Innerhalb weniger Sekunden bildet sich eine Schlange davor. Lange vor den Amerikanern haben die Kubaner das »pulled pork« erfunden, aber es mundete ihnen so sehr, dass sie ihre Idee nicht exportierten, sondern im Lande behielten. Heute können die Touristen davon profitieren und genießen. Der Preis dafür schwankt je nach Dorf oder »touristenfreundlicher« Lage zwischen 25 Cent und einem Euro.

PANADERÍA
Die Bäckerei

Die typische kubanische Bäckerei ist staatlich. Sie verkauft nur zwei Sorten Brot, ein weiches rundes und ein längliches hartes, beides aus weißem Mehl. Jetzt jedoch sind zumindest in Havanna private Bäckereien im Kommen.

Der europäische Tourist ist es gewohnt, in eine Bäckerei zu gehen, ein Brötchen oder ein Kuchenteilchen sowie einen Becher Kaffee zu erwerben, sich auf eine Bank zu setzen und die Seele baumeln zu lassen. In Kuba wird ihm dies höchst selten gelingen. Für Kubaner besteht die Bäckerei aus einem kleinen Verkaufsraum sowie einem dahinterliegenden Raum mit einem elektrischen Backofen. Die Anlieferung von Mehl ist begrenzt und gleichfalls die Kapazität des Backgeräts. Obgleich nur zwei Sorten Brot gebacken werden, ist ein ständiger Vorrat von ihnen nicht garantiert. Das Mehl für die kleinen weichen Brötchen wird mit etwas Zucker vermischt, für die langen harten Stangen mit etwas Salz. Der Kubaner kennt keine westliche Bäckerei, in der er sich sein Brot aussuchen kann. In einigen Stadtteilen von Havanna gibt es auch staatliche Geschäfte, die süße Teilchen, Kekse und trockenen Kuchen anbieten (»Sylvain«). Inzwischen zeigen einige Kubaner mit unternehmerischem Ehrgeiz und etwas Kapital, für was der Begriff »Bäckerei« ursprünglich stand und heute wieder stehen kann. Für kubanische Erfahrungen bieten sie eine unfassbar große Auswahl an Brot, Kuchen, Torten und Teilchen an, allerdings für den normalen Kubaner zu horrenden Preisen. Zumindest in jeder Großstadt hat Kuba wieder richtige private Bäckereien.

PARQUE CON WIFI

Internet im Park

Auf Kuba ist das Internet noch jung. Seit kurzem kann man auch mit dem Mobiltelefon online gehen, sonst für die breite Masse der Kubaner nur in einem Internetpark, die zumindest in Havanna zahlreich sind.

Früher gab es in Havanna viele schöne Parkanlagen, in denen Kinder spielten, Verliebte schmusten, ältere Männer über Domino saßen oder gelegentlich Kapellen schmetterten. Jetzt sitzen auf den Bänken größtenteils junge Leute, die auf ihr Mobiltelefon, Tablet oder Laptop starren. Sie sind im Internet, glücklich! Wenn es regnet, sind sie unglücklich. Vielleicht will die kubanische Regierung ihre Jugend nicht Tag für Tag in dunkle Zimmer eingesperrt sehen, sondern wenn schon im Internet, dann doch aber in der grünen Natur. Faktisch be-

sitzt jede kubanische Familie inzwischen mindestens ein Handy. Über zwei Drittel der Jugendlichen werden zusätzlich ein weiteres besitzen. Das Handy kann nur mit einer Art Prepaidkarte bezahlt werden, eine Flatrate gibt es nicht. Das Internet muss nach gewünschtem Volumen auch im Voraus bezahlt werden. Der Internetzugang ist langsam und instabil, trotzdem ist er ein erheblicher Vorteil für die Kubaner. Vor allem die Jugend kann sich jetzt weltweit informieren, und über die sozialen Medien verbreiten sich unvergleichlich schneller Informationen aus allen Regionen Kubas. Geschehnisse in Santiago machen bereits nach wenigen Minuten auch in Havanna die Runde. Unentwegt werden auf YouTube auch Videos über den kubanischen Alltag eingestellt. In Kuba hat eine neue Ära begonnen.

WiFi-Park in Havanna

110

PARQUE NACIONAL LA GÜIRA

Verrücktheit für Verliebte

Er ist der verrückteste und der ungewöhnlichste und der verwunschenste Park Kubas. Er liegt abseits der großen touristischen Routen, weshalb er auch noch einer der einsamsten ist.

Es war einmal ein schwerreicher Rechtsanwalt, der eines Tages beschloss, einen Traum zu verwirklichen. So beginnen Märchen, aber heute kann dieser Traum besichtigt werden. Man kann sich in ihm verlieren, man kann in ihm Abenteuern nachspüren und man kann in ihm träumen, eben alles wie in einem richtigen Traum. Es beginnt mit einem Eingangsportal, welches aus einem alten Hollywoodfilm über die europäische Ritterzeit stammen könnte, aber nicht aus Pappmaché, sondern aus Stein. Hinter diesem folgen drei Parkanlagen im französischen, japanischen und asiatischen Stil. Allerdings ist nur noch die französische einigermaßen ordentlich erhalten. Für diesen hatte sein Erbauer eine Idee von Versailles gehabt, deren Ergebnis hier in der subtropischen Natur keine Frage nach Kopie oder Kitsch zulässt. Auf verschlungenen Wegen sind mythologische Figuren und ruinenhafte Gebäude verteilt. An Italien erinnern steinerne Brücken und kleine Seenlandschaften an Asien. Dies alles inmitten einer überwältigenden dschungelartigen Pflanzenvielfalt. In seiner Entstehungszeit war er die größte private Parklandschaft Kubas. Es ist ein wahrlich grandioses Erlebnis, einsam durch den Park zu wandern, seine Natur auf sich wirken, Erinnerungen an frühere Begegnungen mit Parkanlagen in Europa oder Asien aufleben zu lassen und in einer fast schon – für kubanische Verhältnisse – surrealen Umgebung Abstand vom kubanischen Alltag zu gewinnen, wobei man nicht sicher sein kann, ob nicht dieser Park, sondern der kubanische Alltag surreal ist.

HACIENDA CORTINA

PARQUES NACIONALES

Endloser Naturreichtum

Die 14 kubanischen Nationalparks gehören zu den etwa 95 Naturschutzgebieten, die die kubanische Regierung eingerichtet hat. Sie sind nominell ein großer Erfolg für den Naturschutz, aber auch reell immer noch ein erheblicher Fortschritt innerhalb weniger Jahre.

Der erste Nationalpark Kubas entstand nach amerikanischem Vorbild bereits 1930. Es war der im Osten gelegene Nationalpark »Pico Cristal«; der auch noch heute unter diesem Namen existiert. Nach der Revolution waren viele Jahrzehnte internationaler Druck und der Tourismusaufschwung erforderlich, um der Natur Kubas in eingegrenzten Gebieten Schutz zu gewähren. Heute gibt es nach offizieller Information sechs verschiedene Arten von Schutzgebieten: Nationalparks, geschützte Waldgebiete, wichtige Naturgebiete, ökologische Schutzgebiete, Naturschutzgebiete, Tierschutzgebiete.

Einigen hat die Unesco den Titel Biosphärenreservat verliehen. Insgesamt sollen etwa 20 Prozent der Landfläche Kubas zu einem Naturschutzgebiet gehören. Wenn der Tourist sein Resort verlässt, sollte er also aufpassen, wohin er tritt. Allerdings ist die territoriale Abgrenzung dieser Gebiete nicht eindeutig. Zudem sind manche nicht auf den üblichen Landkarten eingezeichnet, andere wiederum existieren nur auf den Karten, für die allermeisten gibt es gar keine Karten, und sichtbare Abgrenzungen bzw. Kontrollen, wie in den vorbildlichen amerikanischen Nationalparks, sind ebenfalls nicht vorhanden. Aber meckern gilt nicht, denn schon mit einem Anfang ist auf Kuba viel gewonnen. Die kubanische Regierung wirbt international mit ihren Anstrengungen zum Schutz der Natur, darauf können sich private Initiativen berufen, und westliche Tourismusveranstalter können Druck für weitere Verbesserungen machen.

PARRANDAS

Karneval im Osten

Im Osten Kubas heißt der Karneval Parranda, er ist vor allem sehr laut und er ist ein Kampf. Jede Stadt hat ihre eigene Parranda, die zu unterschiedlichen Zeiten im Jahr stattfindet.

Es gibt sie noch auf Kuba, die absurden Abenteuer, den höllischen Schrecken und die erbarmungslose Angst. Wenn Sie das alles erleben wollen, müssen Sie am 24. 12. ab 16 Uhr in der Kleinstadt Remedios sein, 40 km nordöstlich von Santa Clara, und erst gegen sieben Uhr morgens ins Bett fallen, »gehen« können Sie dann sowieso nicht mehr richtig. Das ist kein karibischer Karneval, auch kein lateinamerikanischer und schon gar kein europäischer. Die Parranda in Remedios ist ein Kampf bis aufs Blut. Die beiden Stadtteile El Carmen und San Salvador (ursprünglich zwei Kirchensprengel) kämpfen zuerst um die größte Lichtinstallation auf dem Kirchplatz der Stadt. Zehn, fünfzehn Meter hoch ist sie, und Zigtausende bunte Glühbirnen (keine Energiesparlampen!) senden Kreise, Blumen und Blitze über den Platz. Las Vegas ist dagegen nur ein müdes Geflackere. Dann geht es mit einem Feuerwerk los, für das die Chinesen zwar Böller und Raketen liefern, aber weder mit dem Krach noch mit seiner stundenlangen Dauer mithalten können. Vermutlich werden schon Tage vorher sämtliche Haustiere und Vögel aus Remedios evakuiert. Tausende Zuschauer stehen auf dem Platz und versuchen, sich der herunterfallenden Raketenstäbe zu erwehren, denn das Feuerwerk wird direkt am Rande des kleinen Platzes aufgebaut. Zuletzt wird getrommelt, getanzt und durch die Gassen der Kleinstadt gezogen. Erst wenn die letzte Flasche Rum verkauft ist, die Beine einknicken und die Stimme nur noch krächzt, droht das Bett, und das schon seit 200 Jahren.

PASTELES

Süße Teilchen

Kubaner lieben Süßes, kein Wunder, schließlich war ihre Insel 150 Jahre die Zuckerinsel der Welt. Unsere »Teilchen« sind auch Kubas Teilchen, nur eben viel süßer.

Die Verkäufer mit ihren »Pasteles« stehen mit kleinen Wägelchen aus durchsichtigen Plastikwänden oder mit einem einfachen Plastikkasten auf dem Fahrrad so gut wie überall: Vor dem Krankenhaus, vor den Schulen, vor den Kindergärten, vor den Eingängen von Behörden und vor den Sehenswürdigkeiten, an denen sich Touristen stauen. Zumeist sind es kleine dreieckige Blätterteigpasteten, gefüllt mit Guavenmarmelade oder mit einem Brei aus Kokosraspeln. Nie, aber auch wirklich nie, müssen die Kunden lange anstehen. Die Kubaner sind jeck danach. Das Angebot ist immer begrenzt, denn sie sind allesamt hausgemacht. Zwar bieten auch vereinzelt staatliche Geschäfte diese Teilchen an, aber das sind keine Teilchen, sondern Vogelfutter. Jeder Verkäufer hat sein Rezept, auf das er schwört, und jeder Käufer hofft, dass die Teilchen auch wirklich in frischem Öl frittiert wurden, dick mit Marmelade gefüllt und außerdem auch noch warm sind. Aber wer kann das schon garantieren! Doch, einer kann es, und er heißt Wettbewerb. Der Preis für ein Teilchen ist gering, etwa 10 Cent, zudem sind sie einfach herzustellen und die Kubaner mögen sie. Da heißt es, sich ranzuhalten, damit der Kunde auch morgen früh wieder an den Wagen kommt.

NO
PROB

P.C.C.
Die Einheitspartei

Die Kommunistische Partei Kubas ist die einzige Partei des Landes. Sie ist in der Öffentlichkeit kaum sichtbar, aber an allen Schaltstellen der Politik, der Verwaltung, der Wirtschaft oder der Kultur sitzen ihre Mitglieder.

Der Tourist bekommt in seinem kurzen Urlaub auf Kuba kaum etwas von der Macht der Kommunistischen Partei mit. Er erfährt noch nicht einmal, dass auch der kubanische Direktor seines Hotels ein Parteimitglied ist, der der nächsthöheren Parteiinstitution Rechenschaft ablegen muss, und dieser der noch höheren, bis alle Informationen beim obersten Gremium der Partei landen, dem Politbüro mit 17 Mitgliedern, das allein alles in Kuba entscheidet. Etwa 670.000 erwachsene Kubaner sind Mitglied in der Partei, das sind ca. 5 Prozent der Bevölkerung, unter den Berufstätigen werden es jedoch an die 10 Prozent sein. In den letzten Jahren hat sich die Stellung der Kommunisten in der kubanischen Gesellschaft jedoch gewandelt. Kaum ein Mitglied bekennt sich in der Öffentlichkeit noch dazu, Kommunist zu sein. Weit verbreitet ist die Ansicht, dass es in Kuba keine Kommunisten mehr gibt, sondern nur noch Opportunisten. Die Öffnung Kubas in Richtung Westen hat die kommunistischen Ziele und Ideale drastisch als das entlarvt, was sie schon immer waren, reine Propagandahülsen. Die Parteiführung versteht Kuba als einziges wahrhaft demokratisches Land. Den westlichen Parteipluralismus sieht sie als Ursache für Korruption und Selbstbereicherung der Politiker. Der Wettbewerb mehrerer Parteien in westlichen Demokratien bringe nur Demagogie hervor, demgegenüber sei in Kuba die Partei und das Volk eine Einheit. Warum es dann überhaupt noch eine Partei geben muss, beantwortet die Parteiführung nicht.

UJC
COMITE
MUNICIPAL
HABANA
VIEJA
PCC
COMITE
MUNICIPAL
HABANA
VIEJA
LAMPARILLA
TAXI
P 015 690

PELEA DE GALLOS

Der Hahnenkampf

Der Hahnenkampf ist eine bereits von den ersten spanischen Kolonialisten mitgebrachte Tradition der kubanischen Landbewohner. An verschwiegenen Stellen findet er allerorts auf Kuba statt, aber verborgen für den Touristen.

Die kubanische Revolution hat sich bemüht, gründlich mit der alten Vergangenheit aufzuräumen. Aber manche der alten Traditionen trotzten diesen Bemühungen, vor allem an der Spielsucht der Kubaner sind sie gescheitert, und gleichfalls am Hahnenkampf, der im Kern auch eine Wettleidenschaft ist. Hahnenkämpfe um Geld sind in Kuba streng verboten, die Zucht von Kampfhähnen jedoch nicht. Ohne eine Wette um Geld, welcher Hahn gewinnen wird, wären Hahnenkämpfe uninteressant. Ohne finanziellen Anreiz würde sich schließlich auch kein Profiboxer sein Hirn malträtieren lassen. Verbot und Zucht befinden sich im Widerspruch. Auf Lichtungen in einsamen Waldgegenden findet dieser Widerspruch seine Auflösung. Private Veranstalter bauen kleine Kampfarenen auf und organisieren die Kämpfe. Ringsherum werden unter Bäumen auch Karten und Dominó gespielt, es wird gewürfelt, auch eine Ferkellotterie gibt es, alles um Geld – Klein Las Vegas in der kubanischen Wildnis. Der Kampf selbst hat stolze Befürworter und heftige Ablehner. Schärfstens verurteilen Tierschützer das Aufeinanderhetzen von Hähnen mit extra angebrachten spitzen Sporen, nicht selten bis zum Tod. Die Befürworter verweisen darauf, dass dies dem natürlichen Verhalten der Hähne in ihrer Urheimat Südindien entspricht. Die Gegner sind in Kuba nur schwach vertreten, was nichts mit der gesellschaftlichen Situation Kubas zu tun hat, denn auch auf anderen karibischen Inseln und in Mittelamerika kämpfen die Hähne.

PIROPOS

Über Machos und Frauenmacht

Piropos sind Komplimente, die kubanische Männer den Frauen hinterherrufen, die sich dabei geschmeichelt fühlen, die bei uns jedoch den Staatsanwalt beschäftigen würden.

Für den europäischen Touristen sind die kubanischen Männer allesamt ausgemachte Machos, das beweisen die Sprüche (Piropos), die sie den Frauen hinterherrufen. Zwar ertönen derartige Rufe nicht hinter jedem weiblichen Wesen und auch nicht überall, aber sie sind nach unserem Verständnis eindeutig sexistisch. Westler neigen dazu, aus dem Bewusstsein einer Überlegenheit ihrer Kultur heraus anderen Ländern Vorschriften zu machen, wie sich deren Bewohner im Alltag zu verhalten haben. Kubaner können darüber nur lächelnd den Kopf schütteln. Für uns sind kubanische Männer zweifelsfrei typische Machos, dabei übersehen wir jedoch, dass die kubanische Frau auch ein »Macho« sein kann. Sie hat ein anderes Verhältnis zum männlichen Geschlecht als zahlreiche der europäischen Touristinnen. Nach vier Wochen in Europa fragte meine Frau mich traurig, ob sie hässlich geworden wäre. Wieso, reagierte ich erstaunt. Na, weil niemand mehr hinter mir herpfeift! Kubanische Frauen können sich gegenüber Männern auch anzüglich äußern, ohne dass diese daran Anstoß nehmen würden. Ein Spruch wie: »Mami, Du mit so vielen Kurven und ich ohne Bremsen«, könnte in der aufgeheizten Atmosphäre des modernen Europas schnell auf dem Arbeitstisch eines Staatsanwalts landen. Kubanerinnen reagieren mit: »Willst Du morgen mit meinem Ellenbogen oder mit meinem Handy geweckt werden?« Im kubanischen Alltag sind die Piropos ein beliebtes Spiel zwischen den Geschlechtern.

PIZZA

Einfach ungenießbar

Die kubanische Pizza kommt nicht aus Italien, sondern aus den USA, deshalb ist sie auch sehr dick und ebenso ungenießbar wie die meisten aus den Fast-Food-Ketten in den USA.

Das Erste, was ein privater Pizzabäcker benötigt, ist ein Pizzaofen. Den gibt es in Kuba nicht. Aber es gibt alte Ölfässer, die leicht zu einem einfachen Pizzaofen umgerüstet werden können. Jetzt benötigt der angehende Pizza-Unternehmer noch Mehl (gibt es nur in einer Sorte), Hefe (Backpulver tut es zur Not auch), Tomatensoße (in riesigen Dosen, garantiert auch rot) und Käse vom Land, der zerlaufen auch nicht besser schmeckt als er aussieht. Eine derartige Pizza wird wie eine richtige Pizza zusammengeklappt und ersetzt ein Mittagessen. Wenn dann auch noch an den Mundwinkeln die rote Soße herunterläuft, durchsetzt mit gelben Streifen, empfindet der Kubaner so etwas wie Seligkeit. Die kubanische Pizza kostet sagenhafte 30 bis 60 Cent. Wie soll da nicht Seligkeit aufkommen! Selbstverständlich gibt es sie auch in Gourmetversionen, mit kubanischer Hühnermortadella oder kubanischer Salami, die ein arroganter europäischer Tourist wahrscheinlich mit Hundefutter verwechseln würde. Ich habe nie verstanden, weshalb man über die kubanische Pizza mäkeln muss: Sie geht schnell von der Hand, sie sättigt, besteht fast nur aus einheimischen Produkten und jeder Kubaner kann sie sich leisten. Ich habe sie auch probiert und hinterher einen größeren Schluck aus einer Rumflasche nehmen müssen.

PLAYAS

Weiß, endlos, einsam

Das Urlaubsziel auf den karibischen Inseln sind ihre Strände, von denen zahlreiche geradezu traumhaft sind. Kuba hat davon etliche der imposantesten und ganz gewiss die längsten.

Bereits die nackten Zahlen sind beeindruckend: ungefähr 5.700 km Küste mit insgesamt mindestens 300 km Strand, nicht mitgerechnet sind die Strände auf den ca. 6.000 Inseln, darunter allein auf der im Süden gelegenen Cayo Largo mit 25 Kilometer Strand, zusätzlich mit einer Vogelinsel und einer, auf der nur Leguane herumkriechen. Die Prognose wird nicht übertrieben sein, dass Kuba sich in einigen Jahren zur weltweit beliebtesten Ferieninsel entwickeln kann. Schon heute bieten die Strände alles: teilweise dicht gefüllt mit Besuchern, alle nur denkbaren Wassersportmöglichkeiten, oder mit Einsamkeit für Ruhe und zum

Strandwandern, auch mit Abenteuer, weil nur auf abenteuerlichen Wegen zu erreichen. Die Erfüllung der Prognose wird vom politischen und wirtschaftlichen Wandel Kubas abhängen. Der lässt sich nicht voraussagen. Voraussagen lässt sich jedoch, dass mit einem staatlich organisierten und gesteuerten Tourismus ein solcher Aufschwung nicht zu erreichen ist. Allerdings lässt sich auch genauso voraussagen, dass ein ungeregelter Aufschwung ohne Berücksichtigung von Interessen der betroffenen Menschen und ohne Naturschutz zu verheerenden Resultaten führen wird. Niemals wird es auch nur an einem einzigen Ort der Welt einen Idealzustand geben, einfach, weil sich unsere Vorstellung von einem solchen Ideal ständig verändert. In Kuba gibt es zahlreiche Playas, wo Sie sich Ihren eigenen Vorstellungen von einem Ideal nähern können.

PLAZA DE LA REVOLUCIÓN

Das Machtzentrum

Er ist der größte Platz Kubas, um ihn herum sind massige Regierungsbauten gruppiert und auf ihm steht das höchste Gebäude Kubas, das Denkmal für José Martí, mit dem schönsten Ausblick über Havanna.

Dieser Platz ist gewiss die seltsamste kubanische Kuriosität. Er wurde von dem kubanischen Präsidenten Batista gebaut, als dieser gerade dabei war, sich zum Diktator zu wandeln. Damals hieß er Platz der Republik. Sein Mittelpunkt ist ein Turm zur Verherrlichung des Nationalhelden (warum müssen Nationalhelden verherrlicht werden?) José Martí. Zugleich ist dieser Turm ein architektonisches Meisterwerk des Art déco und deshalb auch ein Anziehungspunkt für Touristen. Um ihn herum befinden sich Gebäude mit dem Machtzentrum Kubas: Das Zentralkomitee der Kommunistischen Partei, das Verteidigungsministerium, die Plankommission sowie der Palast der Revolution, in dem heute Regierungsdelegationen anderer Länder pompös empfangen werden. Batista wollte einen riesigen Aufmarschplatz schaffen, genutzt hat ihn dann sein Bezwinger, Fidel Castro, mit Kundgebungen, bei dem ihm stundenlang eine halbe Million Kubaner ohne Essen und Trinken zuhörten. Kubanische Touristenführer versichern eindringlich, dass der Turm und das davor befindliche Monument Martís von Fidel Castro veranlasst wurden. Er hat den kompletten Platz aber nur übernommen, jedoch zu dem gemacht, als was er heute gilt. Geschichte verkehrt herum, aber gleich zweimal! Auf diesem Platz erlitt er während seiner letzten Rede einen Schwächeanfall. Es war eine Rede zu viel.

POLICÍA NACIONAL REVOLUCIONARIA

Die Polizei

In Kuba ist alles auf die Revolution ausgerichtet, auch die Polizei, selbst wenn sie nur völlig normale Polizeiarbeit macht, vergleichbar mit der Polizeitätigkeit in zahlreichen anderen Ländern, nur etwas unnachgiebiger und mit anderer Gesetzeslage.

Ich könnte Ihnen jetzt seitenlang Ratschläge geben, wie Sie sich gegenüber der kubanischen Polizei am klügsten verhalten sollten. Nonsens. Der beste Ratschlag: Kommen Sie einfach nicht in Kontakt mit ihr! Kubaner haben generell Angst vor der Polizei, selbst wenn ein Polizist Tür an Tür mit ihnen wohnt und freundlich ist. Die Polizei hat absolute Macht, sie muss sich nicht erklären und schon gar nicht verteidigen. Das hält die Kriminalität niedrig, verhindert sie aber nicht. Zudem: Angst ist nicht gerade ein erstrebenswerter Zustand. Die kubanische Polizei hat die strikte Anweisung, Touristen gegenüber freundlich zu sein, schließlich zahlen die über Umwege auch deren Gehalt. Sie können einen Polizisten problemlos nach dem Weg fragen und er wird versuchen, Ihnen zu helfen. Wie oft bin ich schon verkehrt in eine Einbahnstraße hineingefahren, oder zu schnell, selbstverständlich nur ein klitzekleinwenig, oder habe geparkt, wo ich eigentlich nicht sollte, alles immer ohne ein ernsthaftes Problem. Großes Bedauern äußern, der Polizist erhebt warnend den Finger, weiterfahren, aufatmen, noch einmal gut gegangen. Sollten Sie jedoch einen Verkehrsunfall haben, werden Sie erfahren, dass die kubanische Gesetzeslage sich weitgehend von der Ihres Landes unterscheidet. Sie werden viel Geduld und noch mehr innere Gelassenheit benötigen.

PROPINA
Das Trinkgeld

Noch vor 15 Jahren war Trinkgeld in Kuba weitgehend unbekannt. Mit rasender Geschwindigkeit hat der Tourismus die Einstellung der Kubaner dazu verändert, insbesondere durch die Sitten amerikanischer Touristen.

Im reinen kubanischen Sozialismus war Trinkgeld verpönt. Jeder Kubaner sollte allein mit seiner tugendhaften sozialistischen Gesinnung motiviert arbeiten. Das tat er zwar nie, aber Trinkgeld bekam er auch keines. Dann geschah etwas, was bereits aus der Bibel bekannt ist. Mit dem ersten Kubaner, der ein Trinkgeld annahm, war die Unschuld dahin. Heute schreiben zahlreiche Paladares 10 Prozent Trinkgeld gleich auf die Rechnung, ohne dies auf der Speisekarte anzukündigen. Einige sind auch bereits bei 15 Prozent angelangt. Der Besucher kann das verweigern, sollte sich danach aber besser nicht mehr in diesem Lokal sehen lassen. Zum Teil sind die Rechnungen auch derartig unübersichtlich aufgebaut, dass ihre Überprüfung lästig wird, weil zu viele Nachfragen gestellt werden müssen. Dafür sind hauptsächlich amerikanische Touristen und die Tagestouristen der Kreuzfahrtschiffe verantwortlich, die in Havanna, Cienfuegos und Santiago anlegen, die auch weitgehend Amerikaner sind. Wer will sich schon bei einem Landgang in einer so aufregenden Stadt lumpen lassen, und das auch noch mit lächerlichen Summen, gemessen an den Trinkgeldern, die täglich auf dem Schiff fällig werden. Die kubanischen Restaurateure kennen keine europäischen Verhaltensweisen beim Trinkgeld, und der Tourist weiß auch nicht, dass die Besitzer der Paladares sich das Trinkgeld oftmals in die eigene Tasche stecken. Auf Kuba ist das Trinkgeld zum Touristennepp verkommen.

Nuestra casa NO incluye
el servicio en la cuenta
(Service is not included)

Sugerencia de Propina
(Suggestion for tip)

10% 0.75	CUC /	Total	8.25 CUC
12% 0.90	CUC /	Total	8.40 CUC
15% 1.13	CUC /	Total	8.63 CUC

"Gracias Por Su Visita"

PUENTE YAYABO

Römische Brücke in der Provinz

Die Brücke über den Yayabo-Fluss in der Provinzhauptstadt Sancti Spiritus ist die einzige steinerne Brücke in Kuba, und sie ist 200 Jahre alt. Kaum ein Tourist kennt sie, dabei ist sie ein architektonisches Juwel inmitten der kubanischen Einöde.

Das Juwel befindet sich am Rande der Altstadt von Sancti Spiritus. Dort haben vor 200 Jahren spanische Ingenieure mit einer festen Brücke über den Yayabo-Fluss, ähnlich einem kleinen deutschen Nebenfluss, den Bürgern einen schnelleren Zugang zur ihrer ländlichen Umgebung ermöglichen wollen. Ob sie damals wohl daran dachten, dass ihre Brücke aus Ziegelsteinen den Aufschwung des Zuckerrohranbaus, die Befreiungskriege, die Wirren der Revolutionen und die Erfindung des Stahlbetons überleben würde? Sehr unwahrscheinlich. Aber sie hat überlebt, wölbt sich nach wie vor auf sechs steinernen Pfeilern zwanzig Meter hoch und einhundert Me-

ter lang über den Fluss. Autos und Motorräder fahren darüber, Fahrradfahrer und Fußgänger passieren sie und wissen nicht, auf was für einem kleinen Wunderwerk sie unterwegs sind. Unter ihr ist der Fluss zu einer Kloake verkommen. Diese führt Plastikflaschen, Verpackungskartons, Ölflecken und Buschwerk mit sich. In der Mitte erheben sich vier ziegelrote Pfeiler wie asymmetrische Säulen aus dem Wasser, die den Fluss in drei kleinere Arme aufteilen. Die beiden mittleren Brückenpfeiler halten einen Bogen, der sich zum Scheitelpunkt der Brücke sanft wölbt. Die Erbauer hatten ihrem Werk eine Eleganz gegeben, die die Zeit überdauerte. Nur Zeitlosigkeit öffnet die Augen, um das Schöne zu erkennen, hier als menschliche Ergänzung in die Harmonie der Flusslandschaft eingefügt. Einige Momente vor der Brücke verweilen, und es kommen Erinnerungen an Italien oder Mittelengland hoch.

PUERCO ASADO

Schwein auf dem Grill

Ein über offenem Feuer gegrilltes Schweinerl ist der Höhepunkt eines Festessens in Kuba. Inzwischen wird es auch von gewitzten privaten Caterern direkt nach Hause angeliefert.

Das Schwein wird vielleicht nur vier bis maximal sechs Monate alt. Dann ist es zum Grillen groß genug und noch nicht zu alt für ein saftiges Fleisch. Sehr selten wird es, wie bei uns ein Spanferkel, auf einen Spieß gesteckt und dann langsam aber stetig über einem Holzkohlegrill bewegt, bis es ringsherum knusprig braun geworden ist. Zumeist wird es in der Mitte gespalten, dann quasi aufgeklappt und auf ein einfaches Metallgitter gelegt. Unter diesem wurde etwas Erde ausgehoben, mit Holzkohle gefüllt und wenn diese richtig glüht, wird das Gitter mit dem Schwein auf seitlich in die Erde gesteckte Metallstreben gelegt. Fertig ist der rustikale kubanische Grill. Ein Mann bestreicht das Schwein ständig mit einer Flüssigkeit aus Orangensaft, Kreuzkümmel, Knoblauch und Salz. Muss es gewendet werden, packt ein zweiter Mann mit an. Mit einem spitzen langen Messer wird getestet, ob es bereits gar ist. Ist es noch nicht gar, aber seine Haut bereits braun und knusprig, bleibt es länger auf der Unterseite liegen, deren Knochen dann dunkler als nur braun geraten. Zuletzt wird ein großes Bananenblatt auf einen improvisierten Tisch gelegt, darauf das Schweinerl und die Familie, Freunde sowie die Straßenhunde versammeln sich ringsherum. Moros y Cristianos, Yuca, Tomatensalat und was sonst an Gemüse gerade erhältlich ist, werden aufgetragen, etwas Rum in die Ecken versprüht, um die Geister gütig zu stimmen, und dann beginnt ein kubanisches Gelage. Inzwischen kann man es auch komplett mit allen Beilagen nach Hause bestellen, nur der Rum kommt nicht mit.

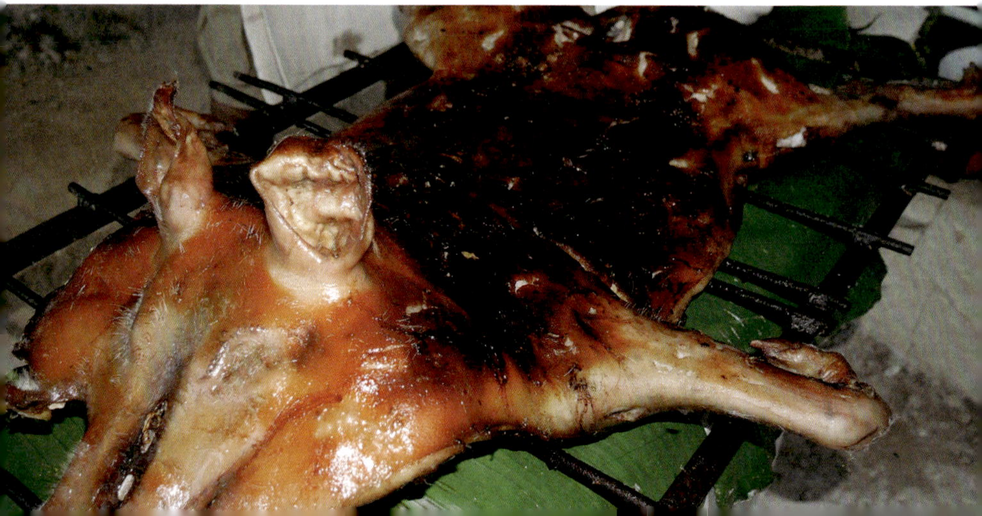

QUINCE

Der 15. Geburtstag einer jungen Frau

Noch jung und schon der Höhepunkt im Leben! Das ist die exzentrischste Tradition in Kuba, beibehalten auch in Miami, und überall nur als Quince bekannt, wie die Zahl 15 auf Spanisch heißt.

Kuba ist reich an exzentrischen Traditionen und Verhaltensweisen. Kaum eine davon wird der Tourist in seinem Resort jemals erleben. Wenn er sich jedoch einmal hinaustraut, um in einem Park zu spazieren oder um sich ein besonders auffälliges Gebäude anzuschauen, dann kann er eine attraktive junge Frau bei einem Fotoshooting erleben. In ihrem Ballkleid mit dem aufgebauschten Unterrock sieht sie nicht wie fünfzehn aus, sondern wie eine jüngere Hollywood-Diva, jedenfalls will ihre Mutter und der Fotograf, dass sie so aussieht, denn das Wichtigste, was von diesem 15. Geburtstag bleiben wird, sind jene Fotos. Das Album mit ihnen wird wie ein Schatz bewahrt, um es Kindern und Enkelkindern zu zeigen, und um in schweren Stunden einen Trost zu haben. Auch diese durch und durch bürgerliche Tradition vermochte die Revolution nicht zu unterdrücken, denn auch die Töchter der Comandantes wollten ihre Quince feiern. Zum Tag der Quince werden die gesamte Familie und zahlreiche Freunde eingeladen. Eröffnet wird sie mit einem Ball, dann wird die junge Dame mit verschiedenen Reden geehrt, darauf treten Sängerinnen und Sänger auf, dabei werden die Tische mit Getränken und Essen vollgestellt, zuletzt tanzen die Freundinnen und die Freunde der Geburtstagsdame ausgelassen bis in den frühen Morgen hinein. Nicht jede kubanische Familie kann ihrer Tochter einen derartigen Geburtstag ausrichten. Selbst die einfache kubanische Mittelschicht von heute muss jahrelang dafür Geld zurücklegen. Aber jede junge Kubanerin träumt von ihrer Quince mit Fotos aus einer vergangenen Traumwelt.

QUINTA AVENIDA

Havannas Prachtallee

Unter allen Alleen in den Hauptstädten dieser Welt ist die Quinta in Havanna zweifellos die prächtigste. Nirgendwo im Land zeigte sich der Reichtum der neuen Republik so ausgedehnt wie auf dieser Allee.

Die fünfte Avenida von Havanna ist sechs Kilometer lang, zu beiden Seiten liegen eine Villa oder ein Schlösschen an dem anderen. Sie beginnt mit einem Glockenturm direkt auf ihrem Mittelstreifen im Stadtteil Miramar. Von dort aus führt sie bis zum Stadtteil Playa. Um auf ihr von der einen Seite zu spazieren und auf der anderen wieder zurück, benötigen Sie einen ganzen Vormittag, doch der lohnt sich. Die prachtvollste Allee Havannas, mit einem breiten baumbewachsenen Mittelstreifen, ist innerhalb der sechs Jahrzehnte von der Unabhängigkeit bis zur Revolution entstanden. In den Villen, Herrenhäusern, Schlösschen und Palais versammelt sich die Architektur des 20. Jahrhunderts, von kitschig verquast bis zu großartig innovativ. Wer in Havanna vor der Revolution etwas auf sich hielt, wollte unbedingt eine Adresse auf der Quinta haben. Im Unterschied zu anderen prachtvollen Straßen Havannas hatte die Quinta niemals unter Vernachlässigung und Verfall zu leiden. Dafür sorgte die Regierung, die den zahlreichen Botschaften auf ihr ein standesgemäßes »Zuhause« bieten wollte. Heute residieren auf ihr von der reichen Schweiz bis zum von der Entwicklungshilfe abhängigen Laos über 30 Botschaften. Zugleich ist es die »Rennstrecke« der Regierung von ihren Verwaltungsgebäuden auf dem Revolutionsplatz bis zu ihren Wohngebieten. Auf ihrer rechten Spur muss ein Tempo von 60 km/h eingehalten werden und auf ihrer linken sogar 80 km/h, ansonsten droht eine saftige Geldstrafe. Wie soll das möglich sein? Danach fragen Sie die dort überall postierte Polizei besser nicht.

REJAS

Alles rundherum vergittert

Normale kubanische Wohnhäuser haben Gitter vor den Fenstern und hohe Drahtzäune um das Haus. Selbst bei den Plattenbauten sind die Balkone vergittert, manchmal sogar bis in das fünfte Geschoss hinauf. Auf Kuba sind vergitterte Häuser die Normalität.

In zahlreichen Reiseführern wird für Kuba als dem sichersten Reiseland Lateinamerikas geworben. Die Regierung wird es gern lesen. In einigen anderen wird diese Behauptung vorsichtig relativiert, indem auf die gestiegene Kleinkriminalität hingewiesen wird. Das hingegen passt der Regierung gar nicht. Der Besucher, der durch die normalen Straßen Havannas fährt oder auch über das Land, kann unschwer ein eigenes Bild gewinnen. Tatsächlich gibt es keine bewaffneten Gangs, die die Straßen unsicher machen, wie in etlichen mittelamerikanischen Staaten, ebenso sind Raubüberfälle eine Ausnahme, und vor Kreuzungen müssen auch des Nachts die Autos nicht verriegelt werden. Das gibt Touristen ein sicheres Gefühl, ist aber nicht die ganze Wahrheit. In Häusern, wo es etwas zu holen gibt, und sei es auch nur die Wäsche auf dem Balkon, vergittern sich die Bewohner, nicht bloß in Havanna oder in den größeren Städten, nein, in allen Gebieten des Landes. Gestohlen werden nicht nur leicht transportierbare Konsumgüter, wie Mikrowellen- oder Fernsehgeräte, auch Schwergewichte wie Kühlschränke oder Waschmaschinen werden abtransportiert. Zwar ist Kuba kein Hochsicherheitstrakt, dafür sorgt schon die allgegenwärtige Angst vor der Polizei, aber die Kriminalität ist für die normalen Kubaner zu einem Problem geworden, von dem die Touristen abgeschirmt werden, was sie jedoch an den Gittern unschwer erkennen können.

REMESA FAMILIAR
Geld vom Klassenfeind

In den USA sollen eineinhalb Millionen kubastämmige Amerikaner leben. Sie können legal Geld an ihre Verwandten in Kuba überweisen, was indirekt auch eine von den vier entscheidenden Devisenquellen des Staatshaushalts ist.

Als 1980 in Kuba die zweite große Ausreisewelle in Richtung Miami begann, bezeichnete Fidel Castro die Flüchtlinge als »Würmer«. Heute sind diese Würmer und ihre Nachkommen höchst willkommene Gäste auf Kuba. Sie bringen Dollars mit, die sie gegen CUC eintauschen, wovon der Staat zehn Prozent als Umtauschgebühr einbehält. Weitaus wichtiger noch sind die direkten Dollar-Überweisungen nach Kuba. Diese laufen über Zweigstellen der amerikanischen Bank »Western Union« (auch in Deutschland z. B. an Bahnhöfen vertreten), die in Kuba in zahlreichen Supermärkten kleine containerartige Buden aufgestellt hat. Die amerikanischen Zuwendungen machen einen erheblichen Teil des Monatsbudgets zahlreicher Familien aus. Da mehrheitlich weiße Kubaner in die USA emigrierten, kommt diese Unterstützung auch weitgehend Weißen zugute. Die kubanische Regierung veröffentlicht zu derartigen Überweisungen sowie zu ihren Einnahmen daraus keine Zahlen. Schätzungen dazu gehen weit auseinander: Sie schwanken zwischen zwei und sechs Milliarden Dollar. Da die kubanische Regierung nur Zugriff auf die zehnprozentige Gebühr hat und von der zeitlichen Differenz zwischen der Überweisung an die kubanische Geschäftsbank und der Auszahlung durch die Western Union profitiert, wird die jährliche Gesamtsumme eher im niedrigeren Bereich liegen. Überweisungen von Sparkassen und kleineren Banken zu kubanischen Banken sind für Europäer unkompliziert.

REVOLICO

Kubanisches E-Bay

In einem Wirtschaftssystem mit ständigen Versorgungsproblemen und ständig neu auftretenden Mangelsituationen ist das Verkaufen und Kaufen von privat zu privat eine Überlebensstrategie.

Aufgrund des amerikanischen Embargos gegenüber Kuba, aber auch wegen kubanischer Restriktionen können internationale Online-Handelsplattformen in Kuba nicht aktiv werden. Kubastämmige Amerikaner haben von Miami aus Lösungen dafür gefunden. Die wichtigste heißt »Revolico« und funktioniert im Prinzip wie E-Bay, im Detail dann jedoch wieder komplizierter. Allerdings sind Kubaner komplizierte Verkaufstransaktionen gewöhnt. Zurzeit sind auf Revolico weit mehr als 600.000 Produkte eingestellt. Sie sind in einzelne Rubriken unterteilt, unter denen es auch welche gibt, die nie auf E-Bay auftauchen würden, wie beispielsweise das Angebot von Häusern und Autos oder die Suche nach Massageleistungen und exotischen Papageien. Fast alle Produkte davon befinden sich bereits in Kuba. Die Plattform wird zwar von Miami aus betrieben, die Verkaufsgebühren gehen jedoch an Mittelsmänner in Kuba. Revolico ist die wichtigste Einkaufsquelle für knappe Güter. Auch ich habe darüber bereits meinen alten Kühlschrank verkauft und neue Autoreifen gekauft. Der kubanische Staat hat ein Auge auf Revolico, da auf ihm auch Produkte angeboten werden, die in Kuba auf unerklärliche Art und Weise aus staatlichen Lägern verschwunden sind. Allerdings sind seine Kontrollmöglichkeiten begrenzt. Seine IT-Spezialisten würden als Händler auf Revolico mehr verdienen, als ihnen der Staat gewillt ist zu zahlen. Ganz so sehr kann sich der Staat aber auch nicht aus dem Fenster lehnen, denn Gerüchten zufolge sollen auch als privat getarnte staatliche Firmen auf Revolico aktiv sein, da sie darüber höhere Preise erzielen können.

RODEO

Familienunterhaltung wie in den USA

Ein normaler Tourist wird auf Kuba wohl kaum das typisch amerikanische Rodeo vermuten, aber in fast allen mittleren Städten gibt es Rodeo-Stadien und in zahlreichen Dörfern auch kleine Kopien.

Alles ist beim Rodeo genauso wie in den hassgeliebten USA: Einmarsch der Reiter, Abspielen der Nationalhymne, dabei Hut am Herzen, Kälber werfen und fesseln, Jugendliche – zumeist Mädchen – zeigen Kunststücke auf Pferden. Dann schon eine schwierigere Übung: Den Stier mit zwei Pferden einkreisen, vom Pferd springen, ihn am Horn packen und auf die Erde werfen. Als Letztes folgt der absolute Höhepunkt, das Bullenreiten. Allerdings müssen die kubanischen Cowboys beim Bullenreiten Motorradhelme tragen. Sicherheit wird in Kuba großgeschrieben, auch wenn sie höchst lächerlich aussieht. Preise werden auch verteilt, aber ein Deo oder ein Shampoo ist selbst in Kuba nur symbolisch. Rodeo ist auf Kuba kein ernsthafter Wettbewerb. Es ist Familienunterhaltung zwar der derben, aber eher der schlichten Art. Beim Rodeo gibt es keine Fremden, ganze Straßenzüge kommen gemeinsam. Mütter zeigen stolz ihre Babys vor, junge Frauen ihre neuen Schuhe, die männlichen Jugendlichen kaufen pralle Tüten mit Popcorn und bewerfen damit die Mädchen, die Männer wetteifern um den höchsten Bierkonsum. Das Bier dafür kommt für sehr kleines Geld aus einem riesigen Tankwagen, auch der Ärmste kann sich beim Rodeo einmal betrinken. An den Seiten der Kampfarena sind kleine Buden aufgebaut, die kubanische Hamburger und Pan con Lechón (# 107) verkaufen, auch frittierte Malangabällchen, gleichfalls Moros y Cristianos (# 97) mit Hühnchen, Rum sowieso, und permanent mexikanische Musik.

POLO

RON

Vom Zucker zum Cocktail

Rum ist in Kuba keine Mangelware, das ist eine große Ausnahme im sozialistischen Wirtschaftssystem, zumal der billigste Rum weniger als Bier kostet.

Nachdem die Spanier von den Kanarischen Inseln das Zuckerrohr auf ihre karibischen Besitzungen gebracht hatten, wurde der Zucker auch bald zu Alkohol vergoren. Jahrhundertelang entstand daraus der schlimmste Fusel in der Geschichte der Seefahrt, der Rum. Durch seinen regelmäßigen Konsum sind wahrscheinlich mehr Matrosen zu Tode gekommen als durch Piraten. Heute wird exzellenter Rum auf zahlreichen karibischen Inseln und in etlichen mittelamerikanischen Staaten destilliert. Die bekannteste Rummarke in Deutschland stammt aus Kuba, der Havana Club. In den 90er Jahren erwarb das französische Spirituosenunternehmen Pernod-Ricard einen 50-prozentigen Anteil am kubanischen Havana Club und machte diesen zu einer Weltmarke. Seitdem sind die kubanischen Destillerien für Besucher streng verschlossen, was im eigenartigen Gegensatz zur kubanischen Tourismusförderung steht. Kuba produziert noch weitere Marken, die in ganz Kuba und auch in Deutschland vertrieben werden, wie beispielsweise Ron Varadero, Ron Cubay oder Ron Santiago. Außerdem produzieren etliche kleineren Destillerien auch regionale Marken, beispielsweise in Pinar del Río den »El Valle de Cuba«. Zudem produzieren überall im Land Destillerien auch Rum, den der Tourist kaum jemals zu Gesicht bekommen wird. Es sind reine Rachenputzer. Der billigste Rum Kubas kommt aus einem Holzfass in der Bodega. Der halbe Liter kostet ungefähr einen Euro, aber dafür muss eine Flasche mitgebracht werden. Den zweitbilligsten gibt es auch in der Bodega, ist aber für zwei Euro bereits in einer Plastikflasche abgefüllt. Trinkt man die ganze Flasche aus, könnte das Wohlbefinden darunter leiden.

RON
SANTIAGO
de CUBA
CARTA BLANCA
RON CUBANO

ROPA VIEJA

Ein Nationalgericht

Der Humor der Kubaner scheint unbegrenzt zu sein. Welches Volk würde sein Nationalgericht wohl »Alte Wäsche« nennen?

Das Nationalgericht Kubas hat einen unsinnigen Namen, aber es stammt gar nicht aus Kuba, sondern kam mit Einwanderern von den Kanarischen Inseln nach Kuba. Sein wichtigster Bestandteil, das Rindfleisch, ist nicht zu kaufen, steht aber in zahlreichen auf Touristen ausgerichteten Paladar auf der Speisekarte. Kuba ist ein Land voller Geheimnisse, aufregender Abenteuer, eindrucksvoller Schönheiten und vor allem absurder Kuriositäten. Die Grundidee des Ropa vieja besteht darin, ein Gericht mit Rindfleisch zu servieren, in dem möglichst wenig Rindfleisch steckt. Zuerst wird es gekocht und danach fein zerfasert, so wirkt die Masse doppelt so groß wie das ursprüngliche Stück. Diese Masse wird in Tomatensoße erwärmt, damit es gut zum Reis passt, und außerdem mit Kreuzkümmel, Kapern und Knoblauch gewürzt, damit es nicht langweilig schmeckt. Damit sind bereits seine Bestandteile erfasst. Im Kern war es ein Gericht armer Leute, die zwar über Rindfleisch verfügten, aber sparsam damit umgehen mussten, dagegen bei den Tomaten aus dem Vollen schöpfen konnten. Sein Aufstieg ist jedoch nicht verwunderlich. Auch bei anderen Völkern haben einfache Gerichte einen nationalen Aufstieg erlebt, um dann zu einer internationalen Berühmtheit zu werden, beispielsweise die Pizza oder der Hamburger. Leider gehört die Currywurst noch nicht dazu. In Kuba gehört die Ropa Vieja inzwischen zu den beliebtesten Gerichten der Touristen. Aber woher bekommen die privaten Restaurants das Rindfleisch? Siehe oben bei »Geheimnissen«!

SALSA

Mehr als nur Musik

Touristen besuchen Kuba nicht allein wegen der Sonne und der Strände, sondern auch wegen der Musik, und fast ein jeder kennt den Salsa, das glaubt er jedenfalls.

Salsa bedeutet im Spanischen die Soße. In Kuba bleibt es nicht dabei, denn die Kubaner sind ein innovatives Völkchen. Eine Musikrichtung, nach der vor allem getanzt wird, die sich aber aus verschiedenen anderen Musikstilen speist, haben sie einfach Salsa genannt und damit einen Welthit hervorgebracht. Der heißt nun jedoch nicht mehr »die Soße«, sondern, weil er vor allem ein Tanz ist, »der Salsa«, aber das ist nur ein Problem der deutschen Grammatik. Die auch bei älteren Touristen noch bekannten Rumba, Mambo sowie der Son als die ursprüngliche kubanische Musik wurden zum Salsa vermischt, und heraus kam eine Musik, die im Westen als der eigentliche kubanische Rhythmus aufgefasst wird. Musiktheoretiker werden in dieser Mischung noch weitere Stilrichtungen identifizieren können, die aber den normalen Salsa-Liebhaber nicht interessieren werden. Allerdings wäre der Salsa als Musik ohne den Tanz dazu bei Weitem nicht so berühmt geworden, und diesen Tanz hat vor einigen Jahrzehnten die kubanische Jugend erfunden. Für Touristen werden jede Menge Salsa-Kurse angeboten. Das Beste an diesen Kursen ist das Honorar für die Trainer. Salsa ist einfach: Einige Minuten kubanischen Paaren zusehen, sich mit Rum Mut antrinken und es selber probieren, sich bedenkenlos in den Rhythmus fallen lassen und die Drehungen der anderen Paare so lange kopieren, bis sie wie von selber aus dem eigenen Körper kommen.

Música
MIRAMAR
MATINÉ
5:00 P.M - 9:00 P.M.
NOCHE
11:00 P.M - 4:00 A.M.
LUNES
LIESTER M
$50.00 M.N
LOS ANGELES DE LA HABAN
$10.00 CUC
MARTES
ALEXANDER ABREU Y HAVANA DE PRIMERA
$100.00 MN
PEDRITO CALVO Y LA NUEVA JUSTIC
$10.00 CUC
MIÉRCOLES
UPY Y LOS QUE SON SON
$100.00 MN
MAIKEL BLANCO Y SALSA MAYO
$15.00 CUC
JUEVES
ANOLITO SIMONET Y SUS TRABUCOS
$100.00 MN
SUR CARIBE
$ 10.00 CUC
VIERNES
ERARDO PILOTO Y SU GRUPO KLIMAX
$50.00 MN
JOSE LUIS CORTES Y NG LA BAND
$ 15.00 CUC
SÁBADO
EL GRUPO GENS
$50.00 MN
ELITO REVE Y SU CHARANGO
$ 15.00 CUC
DOMINGO
LITO REVÉ Y SU CHARANGÓN
$100.00 M.N
ALEXANDRE ABREU Y HAVANA DE PRIMER
$10.00 CUC

SAN CRISTÓBAL

Obama war auch schon hier

Das private Restaurant »San Cristóbal« in Havanna vereint wie kein anderes in Havanna höchst ungewöhnliche Eigenarten in sich, damit ist sein Besitzer berühmt und sein Paladar zu einer Pilgerstätte für Touristen geworden.

Die einst bedeutende kulinarische Tradition Havannas ist nach der Revolution verlorengegangen. Die besten Köche verließen das Land, wichtige Zutaten wurden nicht mehr hergestellt und die neue Zeit wollte vor allem Gleichheit, kulinarische Vielfalt störte dabei. Vor zwanzig Jahren begann ein behutsamer Wandel, der nach zehn Jahren zu einer kulinarischen Revolution wurde. Carlos Cristóbal Márquez Valdés gehörte zu den Mitbegründern dieser Revolution. Selbst ein Riese von Statur und mit Wagemut ausgestattet, hatte er bei seiner Großmutter, die vor der Revolution Köchin in Privathäusern gewesen war, seine Liebe zum Kochen entdeckt. Vor zehn Jahren rüstete er sein Privathaus in einer heruntergekommenen alten Gasse Havannas zu einem Restaurant um, stattete es mit schrottigen Erinnerungen an das alte Kuba aus, die heute teure Antiquitäten sind, und zog auch durch seine umgänglich humorvolle Art westliche Diplomaten an. Im Kleinen war er so etwas wie das »Borchardt« Havannas. Sein endgültiger Durchbruch kam, nachdem Obama mit seiner Familie bei ihm speiste. Damit war für die amerikanischen Touristen das Essen bei ihm weniger wichtig als ein Foto mit dem Besitzer und Chefkoch. Übrigens arbeitet Carlos Cristóbal auch als Caterer für etliche Botschaften.

SAN CRISTOBAL

134

SAN LÁZARO

Die größte Prozession Kubas

Jedes Jahr am 17. Dezember werden die Straßen am Stadtrand von Havanna weitflächig für den Autoverkehr gesperrt, damit die größte Wallfahrt Kubas ungehindert zur Kirche gelangen kann.

Mit der Religion ist das so eine Sache auf Kuba. Katholischer Rigorismus, afrikanischer Götterglaube, amerikanische protestantische Freikirchen und jede Menge Sekten ergeben ein ziemliches Durcheinander oder, je nachdem wie man will, eine lebhafte Vielfalt. An einem Tag sind sie jedoch alle vereint. In dem winzigen Dorf El Rincon, das nur rein formal zu Havanna gehört, weil es bereits Provinz ist, hatte der Bischof von Havanna bereits vor längerer Zeit eine Kirche errichtet und dazu auch ein kleines Krankenhaus gebaut. Als in den 80er Jahren durch aus Angola zurückgekehrte kubanische Soldaten die Aids-Welle auch Kuba erreichte, wurde daraus das erste Aids-Krankenhaus Kubas. Die Kirche war dem Heiligen Lazarus gewidmet, dem Schutzheiligen der Kranken, wodurch zu ihr schon frühzeitig Kranke während des ganzen Jahres hindurch pilgerten. Am 17. Dezember, dem Fest des Heiligen Lazarus, strömen zehntausende Gläubige zur Kirche: Kranke, die auf ein Wunder ihrer Gesundung hoffen, Genesende, die während ihrer Krankheit eine Wallfahrt zur Kirche des Heiligen Lazarus gelobt hatten, Gesunde, die sich von dieser Pilgerreise weiterhin Gesundheit versprechen, und einfach nur fromme Kubaner. Bereits Kilometer vorher werden an den Straßenrändern Blumen, Heiligenfiguren und andere religiöse Gegenstände wie Reliquien verkauft, auf dem Rückweg dann Getränke und gebratenes Hühnchen. An diesem Tag sind in einem kleinen Ort Religiosität, Götterglaube und Hoffnung ganz Kubas vereint.

SANTA MARÍA DEL ROSARIO

Die Landkathedrale

In Kuba lebte bereits in der Kolonialzeit eine gar nicht so kleine Schicht von Händlern und Sklavenhaltern in erheblichem Wohlstand. Diese Schicht brachte ein kunstsinniges Mäzenatentum hervor.

In der Kolonialzeit stammte der Reichtum Kubas vor allem aus zwei Quellen, anfangs aus der Versorgung der jährlichen spanischen Silberflotten und später aus dem Zuckerrohranbau. Diese finanzierten auch Kunstschätze, die über das ganze Land verstreut sind, zahlreiche davon um Havanna herum. Bis heute führen sie ein verstecktes Leben. Dies hat auch einen Vorteil, sie blieben weitgehend im Original erhalten. Einer der ganz gewiss prachtvollsten Schätze ist die Kirche Santa Maríia del Rosario. Sie wurde von einem Sklavenhalter und Zuckerplantagenbesitzer errichtet, liegt im Stadtteil Cotorro von Havanna, ist aber wie eine kleine ländliche Ansiedlung von Feldern und Obstplantagen umgeben. Es ist eine äußerlich schmucklose Barockkirche, die jedoch bereits durch ihre massige Kontur wie ein Monument wirkt. In ihrem Inneren scheint seit ihrer Fertigstellung im Jahr 1760 die Zeit über 250 Jahre stehengeblieben zu sein. Alles in ihr ist unverändert, die prachtvolle Ausschmückung der Kirche mit Hochaltar und geschnitzten Tabernakeln, einschließlich der ersten religiösen Darstellung eines Schwarzen in Kuba, die Gräber in den Katakomben, die Glocken auf dem Turm und vor allem die Sakristei mit der komplett originalen Ausstattung aus dem 18. Jahrhundert. Keine kubanische Kirche ist mit ihr vergleichbar. Bereits 1812 erhielt sie den Titel »Catedral de los Campos de Cuba«. Auf dem viereckigen Platz vor ihrem Eingang stehen an allen drei Seiten noch traditionelle ländliche Kolonialhäuser, leider zumeist grässlich zweckentfremdet.

SANTERÍA

Afrikanische Geisterbeschwörung

Einst war die Santería ausschließlich eine Angelegenheit der farbigen Bevölkerung, inzwischen ist die Beschäftigung mit ihr zu einer Modeerscheinung geworden, die den Touristen als original kubanische Attraktion vorgeführt wird.

Vorab die Vermeidung eines Missverständnisses: Die kubanische Santería ist kein haitianischer Voodoo! Zwar werden in ihr auch geheime Rituale abgehalten und Blut von Hähnen verspritzt, aber sie dominiert nicht völlig irreal das Alltagsleben und ihre Priester üben auch keine Macht in der Gesellschaft aus. Auf allen karibischen Inseln ist der Glaube an eine Vielzahl verschiedener Götter und an die Existenz von Geistern weit verbreitet, den die afrikanischen Sklaven aus ihren unterschiedlichen Heimatregionen hinüber nach Amerika gebracht hatten. In ihrer unsäglichen Not gab er ihnen ein Gefühl der Zusammengehörigkeit und Trost in der Übersinnlichkeit.

Zum Inhalt der Santería und über ihre verschiedenen Ausrichtungen sind dicke Bücher verfasst worden. Auch Reiseführer enthalten oftmals umfangreiche Kapitel dazu. Die Teilnahme an Zeremonien der Santería zur Beschwörung von Göttern und Geistern macht nur Sinn, wenn man bereits vorher eine aufgeschlossene Haltung dazu eingenommen hat. Falls nicht, ist alles nur ein harmloses Spektakel. In den Häusern auf dem Land und in den Wohnungen ist es weit verbreitet, vor allem unter der farbigen Bevölkerung. Von einer Flasche Rum werden die ersten Spritzer in den vier Ecken eines Raumes verteilt. Das soll die Geister günstig stimmen, und schaden tut es auch nichts. Hinter der Eingangstür liegen kleine Statuen, Perlenketten, Obst und vieles mehr, das für die meisten Westler unverständlich ist. In einigen Stadtteilen Havannas haben sich private Geschäfte auf den Verkauf von Kräutern, Zweigen und Gegenständen für Santería-Zeremonien spezialisiert. Da der kubanische Staat die Santería nicht unterdrücken konnte, ebenso wenig wie die Kirchen, ging er einen Pakt mit ihren Anhängern ein, indem er ihre selbsternannten Priester in einer staatlichen Organisation zusammenschloss, sogar mit Mitgliedsausweis.

SIERRA DEL ESCAMBRAY

Das Wanderparadies

Es ist ein typisches kubanisches Mittelgebirge, auf halbem Weg zwischen der Hafenstadt Cienfuegos und dem Touristenstädtchen Trinidad; auch von Havanna aus ist es leicht zu erreichen.

Die Anfahrt führt auf einer ordentlichen Straße immer einen Berg hinauf, plötzlich taucht ein leeres Krankenhaus im bombastischen Stil von Diktatoren auf, dann kann man stundenlange Wanderungen auf kaum sichtbaren Pfaden zu verschwiegenen Wasserfällen unternehmen, erlebt überwältigende Gipfelaussichten über eine grüne Bergwelt, mit etwas Glück auch bunte seltene Vögel. An Berghängen sieht man einsame Kaffeeplantagen, aber nirgendwo ein Gedenken an den Widerstand gegen einen Diktator. Das ist das Escambraygebirge mit seinem höchsten Berg, dem Pico de San Juan (1156 m) an der Südküste Kubas bei Cienfuegos. Es ist die touristisch am besten erschlossene Bergwelt Kubas. Vor fünf Jahrzehnten sah es danach aber überhaupt nicht aus. Bis 1965, immerhin sieben Jahre nach der Machtübernahme durch Fidel Castro, kämpften hier sogenannte Konterrevolutionäre gegen den kubanischen Sozialismus. Es waren die letzten Kämpfe auf der Insel. Damals waren die unzugänglichen Berge der Escambray von der Armee abgeriegelt und ihre einsamen Dörfer evakuiert worden. Heute kündet nichts mehr von dieser grausamen Zeit, ganz im Gegenteil, das Gebirge ist touristisch erblüht, wenngleich weder seine Wanderrouten noch die Unterbringungsmöglichkeiten mit den Bedingungen in westeuropäischen Mittelgebirgen zu vergleichen sind. Dafür geht die Freundlichkeit seiner Bewohner ans Herz und die Natur nimmt die Seele des Wanderers gefangen. Die Escambray ist ein ideales Ziel für diejenigen, die nicht nur am Strand liegen oder über Straßenpflaster tapsen wollen. Dieses Gebirge ist die grüne Mitte Kubas.

SIERRA MAESTRA

Von dort kamen die Rebellen

Die Sierra Maestra ist Kubas umfangreichstes Gebirge, mit dem höchsten Berg der Insel, mit ausgedehnten Regenwäldern und mit Legenden über einen selbstlosen Guerillakampf.

Zuerst eine Einschränkung: Die hohen Gipfel der Sierra Maestra sind entweder gar nicht oder nur sehr wenig erschlossen. Das ist gut für ihre Natur, bedauerlich für den abenteuerlichen Besucher und schlecht für die Finanzen des kubanischen Tourismusministeriums. Auf seinen höchsten Berg, den Pico Turquino (1974 m), gelangt man nur mit erheblichen Schwierigkeiten. Allerdings kann körperliche Anstrengung im Urlaub auch eine Lust sein, aber die Rahmenbedingungen dafür müssen stimmen. In der Sierra Maestra stimmen sie nicht, deshalb ist eine Wanderung durch dieses Gebirge reines Abenteuer, bei dem am Ende auch Begeisterung stehen kann. Bereits der Versuch, das Gebirge entlang seiner

Uferstraße und dann der gebirgsnahen Wege im Land zu umrunden, was theoretisch möglich ist, erzeugt Glücksgefühle, wenn beispielsweise kein Reifen platzt und keine Achse am Auto bricht. Wagt der Besucher sich trotz staatlichen Verbots direkt in die Wildnis der Berge hinein, benötigt er Geld für einen einheimischen Führer, der oft nur privat und heimlich diese Aufgabe übernimmt. Allerdings ist der Besucher dort nicht einsam. Bäche, kleine Wasserfälle, lianenumschlungene Bäume, mächtige Farne, unbekannte Blumen und das Gekreische der stets nahen Vögel wird ihn umgeben, eben reines Abenteuer. Wer einmal das Wagnis eines Aufstiegs zu den Gipfeln der Sierra Maestra unternommen hat, und ebenso das Versteck der Rebellen um die Castro-Brüder (Comandancia) besichtigen konnte, der wird sich allerdings fragen, wie in dieser Abgeschiedenheit und schweißtreibender Wildnis ein Guerillakampf möglich gewesen sein soll.

SOCIALISMO

60 Jahre und kein Ende

Seit 60 Jahren trotzt der kubanische Sozialismus allen Versuchen, ihn zu beseitigen, allerdings betrifft dies zuallererst die Macht der Familie Castro. Das natürliche Alter setzt dem eine Grenze.

Heutzutage ist es nur noch wenig bekannt, dass Kuba 1958 zusammen mit den bevölkerungsärmeren Staaten Chile und Uruguay zu den reichsten Ländern Lateinamerikas zählte. Sechzig Jahre danach ist es in fast allen wirtschaftlichen und gesellschaftlichen Bereichen auf das Niveau eines Entwicklungslandes gesunken. Werden heute die sogenannten Errungenschaften des kubanischen Sozialismus angeführt, dann werden nur noch zwei Bereiche genannt, das Bildungswesen und das Gesundheitswesen. Gelegentlich wird auch auf die niedrige Kriminalitätsrate verwiesen. Bei Bildung und Gesundheit sprechen die von der kubanischen Regierung herausgegebenen Zahlen tatsächlich für sich. Keine Statistik konnte jemals international überprüft werden. Allerdings ist allein schon der Hinweis auf ihre kostenlose Inanspruchnahme recht merkwürdig, denn welcher Kubaner kann von seinem durchschnittlichen Gehalt zwischen 25 und 35 Euro monatlich auch noch etwas für Bildung und Gesundheit abzweigen?

Jeder Besucher, der durch Kuba fährt, erlebt überwucherte Wiesen und Felder, leidet unter den maroden Straßen, sieht kaputte Häuser, aber kaum eine intakte Fabrik. Die Regierung sagt nicht, wann und wie dieser Zustand verändert werden könnte. Wirtschaftlichen Fortschritt macht die Regierung ausdrücklich von westlichen Investitionen abhängig. Aber wer soll Kuba Geld leihen, wenn die Rückzahlung höchst ungewiss ist? Die Mehrheit der Jugendlichen mit einem qualifizierten Hochschulabschluss hat zuerst ein Berufsziel: das westliche Ausland. Es gibt für sie keine Perspektive in Kuba, zwar ebenso wenig wie für alle anderen Kubaner, aber diese Jugendlichen haben im Westen wenigstens die Chance auf einen Job. Der kubanische Sozialismus ist eine Worthülse ohne Inhalt.

Willkommensschild
vor dem Töpfer-Dorf
»El Cano« bei Havanna

TABACO

Kubas Kulturbeitrag

Zigarren sind der bekannteste Beitrag Kubas zur Weltkultur, auch wenn eine kämpferische Antiraucherkampagne dies vehement ablehnen würde. Kuba und Zigarren sind untrennbar miteinander verbunden.

Zuerst ist eine gewisse Differenzierung erforderlich: Zigarren sind für den Genuss, Zigaretten für die Sucht. Als Kolumbus erstmalig kubanischen Boden betrat, traf er bereits auf Tabak rauchende Kariben. In Havanna steht hinter dem Capitolio ein Gebäude mit der stolzen Zahl »1845« auf dem Giebel. Es ist die Zigarrenfabrik Partagas, die zur Zeit rekonstruiert werden soll. Die älteste Zigarrenmarke Kubas ist sogar noch elf Jahre jünger, und bereits im 18. Jahrhundert wurden auf Kuba Zigarren in kleinen Manufakturen gerollt. Heute entstehen in Kuba fast ausschließlich per Hand etwa 100 Millionen Zigarren für den Export, mit einem Wert von ungefähr 500 Millionen Euros. Ungefähr weitere 200 Millionen werden nur für den Inlandsbedarf gerollt, aber nur in einem kleinen Format. Damit raucht der erwachsene männliche Kubaner durchschnittlich vier Zigarren am Tag und lebt auf diese Weise genauso lange wie ein Westeuropäer. In der gesamten Tabakwirtschaft sind ca. 250.000 Menschen tätig. Sie ist der größte staatliche Wirtschaftszeig Kubas und soll nach internen Angaben ca. 40 Prozent des Nationaleinkommens erwirtschaften. Die Exportzigarren, also die weltberühmten Havannas, werden in einem Joint-Venture mit dem britischen Konzern »Imperial Brands« vermarktet. Maschinengerollte Zigarillos werden von der Firma »International Cubana de Tabaco« hergestellt, die durch das brasilianisch-kubanische Unternehmen »Promo Cigar« exportiert werden.

141

TAXI

Mit dem Oldtimer am billigsten

Zumindest in Havanna stehen ausreichend Taxen für Touristen zur Verfügung, weil auch noch 70 Jahre alte Klapperkästen ihre PS auf die Straße bringen.

Taxifahren ist in Kuba einfach und zugleich kann es zu einer Quälerei werden. Einfach ist es, weil am Straßenrand mit der üblichen Handbewegung signalisiert wird, dass man ein Taxi benötigt. Aber welches Taxi, und was für ein Auto wird dann anhalten? Ist es ein gelbes, gleich, ob mit oder ohne Taxameter, fährt es dorthin, wo der Gast möchte, allerdings für CUC. Hat es jedoch schwarze Streifen, fährt es nur eine Straße hoch und runter (»Rutero«), für kubanische Pesos. Hält jedoch ein alter Schlitten oder gar ein Lada an, aber mit einem Taxischild, müssen Sie auch CUC bezahlen, aber weniger als in einem der einigermaßen modernen staatlichen Taxis. Sollten Sie aber mit einem Kubaner zusammen sein, wird es nur halb so teuer, wäre jedoch der Kubaner allein, würde er den niedrigsten Preis zahlen. Hält ein richtig altes Blechungetüm ohne Taxischild, haben Sie preislich das große Los gezogen, denn der fährt Sie, wohin Sie wollen und dies auch zu einem moderaten Preis. Allerdings fährt der Fahrer Sie über unerklärliche Umwege, aber wenn Ihnen auf diesen Umwegen kein Polizeiauto begegnen sollte, wissen Sie auch warum. In den Provinzhauptstädten und in kleineren Orten sind die staatlichen Taxen selten zu sehen. Dort kennt aber jeder Kubaner einen Freund, der einen anderen Freund kennt, und der fährt einen Oldtimer ohne Taxischild. Kürzlich hat die Regierung die privaten Taxen mit neuen finanziellen Auflagen belegt. Das Resultat: Noch weniger Taxen standen zur Verfügung, sodass die Regierung diese neuen Auflagen größtenteils wieder zurücknehmen musste.

TAXI
B 072 785

TAXI
P 200 920

TELEVISIÓN

Für Masochisten geeignet

Kuba hat einen staatlichen Fernsehsender, der sieben verschiedene Programme ausstrahlt. Während des Urlaubs im Hotelzimmer kann dies zu einem nachhaltigen Erlebnis werden.

Fernsehen im Urlaub? Und dann auch noch in einem Land mit Staatsfunk? Doch! Ja! Unbedingt! Na, wenigstens wenn es mal regnen sollte. Aber weshalb nicht regelmäßig die Bundesliga ansehen? Die wird zwar mit einigen Tagen Verspätung übertragen, aber die spanische Liga würde sogar aktuell zu Ihnen gelangen. Und dann sind da auch noch die amerikanischen Serien, die bei uns noch total unbekannt sind und es hoffentlich auch bleiben werden. Auf keinen Fall diese mexikanischen und brasilianischen Novelas vergessen, auch die werden bei uns noch nicht ausgestrahlt. Hier, im Hotelurlaub, kann man sich jeden Abend TV-Trash reinziehen. Sicherlich ist die Sprachbarriere ein echtes Hindernis, aber da gibt es zum Glück in den meisten Hotels einen Kanal mit der Deutschen Welle. Allerdings bringt dieser Staatsfunk hauptsächlich Wiederholungen von ARD und ZDF, nur die Nachrichten werden in Eigenregie erstellt. Doch halt! Die Senderpalette in den Hotels ist ziemlich breit gestreut. Die BBC und CNN locken! Na ja, zugegeben, die englische und die amerikanische Weltsicht ist auch nicht mehr das, was sie einmal war. Wie wäre es mit etwas völlig Abwegigem? China rückt immer näher, warum also nicht schon mal im Urlaub den chinesischen Staatssender verfolgen und es dabei mit Chinesisch lernen versuchen? Auch Russisch, Französisch und Italienisch ginge im kubanischen Hotel. Zuletzt bleiben immer noch die drei kubanischen Musiksender; dafür benötigt der Tourist kein Spanisch, aber deren Videoclips sind reichlich sexistisch, für unsere Augen also entweder abscheulich oder aufregend.

Zentralgebäude des kubanischen Radios und Fernsehens

143

TROPICANA

Der Cabaret-Klassiker

Nur wenige kulturelle Einrichtungen Kubas haben die Revolution unbeschadet überdauert. Das »Cabaret Tropicana« ist das bekannteste unter ihnen.

Gleich das Eingangsportal des Cabarets kann seine Besucher verzaubern. Es stammt von 1951, ebenso wie die gesamte Anlage. In einem Architekturführer Havannas wird die Anmut dieser Anlage auf einer ganzen Seite beschrieben. 1939 wurde es als Nachtclub eröffnet, ist also erst 80 Jahre alt. Man mag dies kaum glauben, denn bei seinem sagenhaften Ruf müsste es eigentlich schon ewig existieren. Auch die Choreographie der Show und die Kostüme der Tänzerinnen könnten locker als eine Antiquität durchgehen. Das hat dazu beigetragen, dass das Tropicana mit keinem anderen Cabaret der Welt zu vergleichen ist. Nirgendwo sonst kann der Tourist ein Cabaret erleben wie das des Tropicana, allein deshalb, weil es in einer Zeit stehengeblieben ist, die sonst überall bereits der Vergangenheit angehört. Das Tropicana ist das Original, das wollen die Touristen erleben, und keine neumodisch aufgehübschte Show. Mit dem Tropicana geht die kubanische Regierung kein Risiko ein, denn die Touristen bekommen, was sie erfreut, und werden zugleich ruhiggestellt. Sie werden nicht erregt, weder durch zu viel Erotik noch durch zu viel karibischen Rausch. In vielen anderen kubanischen Städten werden Kopien des Tropicana angeboten, vor allem in Varadero, in Santiago und in Pinar del Río. Wenn man sich diese anschaut, kommt unwillkürlich die Frage auf, ob eine gute Kopie besser ist als ein schlechtes Original, oder gerät die Kopie eines schlechten Originals zu einem Desaster?

144

TÚ O USTED

Mehr Du als Sie

Die persönliche Anrede ist in Kuba weitgehend unkompliziert, wie auch der Umgang der Kubaner untereinander.

Bei uns sind Sie mit einem »Sie« immer auf der richtigen Seite, in Kuba mit einem »Du« (tú). Kubaner sind für unser Verständnis generell unkompliziert. Zwar benutzen sie im Umgang mit den Behörden, vor allem mit der Polizei, zumeist das »Sie« (Usted), aber kein kubanischer Offizieller wird es einem Touristen verübeln, wenn er auch ihm gegenüber das »Du« verwendet. Sie sind halt nur ein harmloser Tourist, der es nicht besser weiß oder kann. Außerdem ist es im Spanischen die grammatikalisch einfachere Version. Überhaupt sind Kubaner schon angetan, wenn sich ein Tourist bemüht, sich mit ihnen auf Spanisch zu unterhalten. Der bei uns in der älteren Generation immer noch umständlich gehandhabte erste Austausch des »Du« würde auf Kuba nur Lacher hervorrufen. Allerdings ist zu berücksichtigen, dass es bei der Verwendung des »tú« zwischen Mitarbeitern und Vorgesetzten eine ähnliche Abstufung gibt wie im Englischen. Das »tú« wird dann mit einer anderen Geste und gleichfalls anders betont ausgesprochen. In einem solchen Fall weiß ein Kubaner, dass die Benutzung des »tú« keine Vertraulichkeit bedeutet. Vermeiden sollten Sie hingegen ein impulsives »Tú, idiota!«, es sei denn, Sie haben ausreichend Abstand zu dem so bezeichneten Kubaner, oder Sie sind in Kampftechniken hinreichend trainiert.

UNIFORME ESCOLAR

Die Schuluniformen

Schuluniformen sind in Kuba selbstverständlich. Kubanische Eltern kennen nichts anderes. Sie sind ein Farbtupfer im kubanischen Alltag.

Am frühen Morgen sind auf den Straßen in Richtung der Schulen Kinder und Jugendliche in ihren verschiedenfarbigen Schuluniformen zu sehen. Bereits an der Farbe der uniformartigen Bekleidung ist das Alter bzw. die Schulform der Kinder und Jugendlichen abzulesen. Zum Beispiel von der 1. bis zur 6. Klasse weißes Hemd mit rotem Rock oder Hose, von der 7. bis zur 9. weißes Hemd mit rostig-beigem Rock bzw. Hose, von der 10. bis zur 12. entweder alles blau oder bei technischer Ausrichtung alles braun. Die Regierung vermittelt den Eltern, dass damit ein Wettbewerb um die schickste, die modischste und die teuerste Bekleidung vermieden würde. Keine Mutter und kein Vater – oder die Großeltern – kann deshalb mit Geld oder auch mit Ideenreichtum ihr Kind von anderen abheben. Die Regierung versteht dies als ein solidarisches Verhalten. Allerdings lässt sich diese Absicht nicht vollständig durchsetzen, denn an den Füßen ist trotzdem zu erkennen, wer sich bessere Schuhe leisten kann. Dabei sind Turnschuhe von adidas oder Nike weit verbreitet, dank amerikanischer Verwandter oder chinesischer Raubkopien. Je älter die Schulkinder werden, desto mehr erlauben sie sich individuelle Freiheiten, indem sie versuchen, kleine modische Accessoires in ihre Schuluniformen einzubauen, beispielsweise durch bunte Tücher. Für den Besucher mögen die kubanischen Schuluniformen putzig ausschauen, für das Selbstbewusstsein der Kinder sind sie es nicht.

adidas

VARADERO

Die Badewanne Kubas

Der Name der kleinen Stadt Varadero, etwa 150 Kilometer südlich von Havanna, am äußeren Rand der Halbinsel gelegen, hat dieser auch den Namen gegeben. Er ist praktisch zum Synonym für Strandurlaub in Kuba geworden.

In den dreißiger Jahren, also in den Anfängen des Massentourismus, reisten bereits zehntausende Amerikaner nach Varadero, also zu einer Zeit, als Miami oder Cancun touristisch noch weitgehend unbekannt waren. Nach der Revolution wurde der Ort und der Strand für badefreudige Kubaner jahrzehntelang quasi abgeschlossen. Heute ist Varadero zu einem der Hotspots des internationalen Strandtourismus geworden. Entlang des 20 km weiten pulvrigen Sandstrandes stehen inzwischen über 60 Hotels, zumeist Kopien der international üblichen Touristenherbergen. Die Strände sind in Abschnitten den Hotels zugeteilt. Badefreudige Besucher, gleich ob andere Touristen oder Kubaner, können sie zwar theoretisch betreten, praktisch jedoch nicht. Die Gäste der Hotels sind an den bunten Plastikbändchen am Handgelenk zu erkennen. Allerdings ist am Beginn des Ortes, entlang der noch nicht zugebunkerten Uferstraße, wenigstens ein Strandabschnitt der Allgemeinheit vorbehalten, und dieser ist ebenfalls grandios, zwar ohne Liegen und Sonnenschirme, aber mit Palmen und den Bäumen der dickblättrigen Sandtraube. Die frühere Dorfstraße ist zu einer Einkaufsmeile für Touristen geworden, auf der jeder Besucher wandeln kann und einkaufen soll. Am Ende der Halbinsel ist erst vor wenigen Jahren in großkotzigem Stil eine Marina mit abstrusen Preisen entstanden. Die Anlegeplätze für die Jachten betuchter Karibikbummler sind jedoch noch weitgehend leer. Im Ort Varadero sowie im nahen Städtchen Santa Marta sind zahlreiche Privatquartiere aus dem Boden geschossen, die nicht nur von Touristen, sondern auch von zahlreichen Kubanern gebucht werden.

VENDEDORES AMBULANTES
Straßenverkäufer

Die kubanischen Straßenhändler verkaufen an der Haustür Produkte, für die die Bewohner sonst weite Wege zurücklegen müssten, und auch Waren, die nicht in den Geschäften zu finden sind, die sie aber trickreich organisiert haben.

Am Morgen wecken mich die durchdringend lauten Rufe der Verkäuferin für Zwiebeln und Knoblauch: »Ajo y cebollas!« In der Nacht kündigen mir die Rufe der Brotverkäufer »Panadero, pan, pan« an, dass es Schlafenszeit ist, allerdings umfasst deren Brotsortiment nur weiche Brötchen. Tagsüber geht das unentwegt weiter: Gemüse, Obst, Besen und Schaufeln, Blumen, Eis, Tamales (in Maisblättern gekochter Maisbrei), Chlor, Eier, süße Teilchen, harte Kekse und – sehr diskret, nur direkt an meiner Gartentür – auch tiefgefrorener Fisch, europäischer Käse oder spanischer Schinken.

Die Aufzählung ist unvollständig. Nach den kubanischen Gesetzen müssten die Verkäufer über eine staatliche Lizenz für ihre Dienstleistungen verfügen. Niemand fragt sie danach. Sie bieten ihre Waren in einer Grauzone an, derer sie sich durchaus bewusst sind und die auch die Polizei kennt, aber wo kein Kläger, da auch kein Schuldiger. Die Ehefrau des normalen Polizisten benötigt ebenfalls Produkte, ohne danach in der kubanischen Mangelgesellschaft aufwendig suchen zu müssen. Einige ihrer Waren werden in Heimarbeit hergestellt, etliche kommen über Zwischenhändler von Bauern, und von den anderen will niemand wissen, woher sie stammen. Gern hätte ich am Morgen knackig frische Brötchen und frische Milch, aber das können mir selbst die gewieftesten kubanischen Straßenverkäufer nicht besorgen.

VIANDAS

Nahrhaft und kräftigend

Die Viandas sichern die Kalorienzufuhr für die Kubaner, denn sie wachsen auf der Insel reichlich, bei uns sind sie jedoch weitgehend unbekannt.

Zuerst erkannten die spanischen Eroberer, dass sie mit der einheimischen stärkehaltigen Knolle Maniok ihr Überleben sichern konnten. Dafür benötigten sie jedoch die Erfahrungen der Ureinwohner Kubas, um Maniok anzubauen und um zu erfahren, wie man während seiner Verarbeitung die schädliche Blausäure entfernt. Als Nächstes waren es die Seeleute der spanischen Gold- und Silberflotten, die auf ihren wochenlangen Fahrten Maniok und Boniato dem Schiffszwieback vorzogen, und zuletzt benötigten die Besitzer der Zuckerrohrplantagen stärkehaltige Knollen, um die Arbeitskraft ihrer schwarzen Sklaven zu erhalten. Viandas (La Vida – Das Leben) sind der Sammelbegriff für einige Grundnahrungsmittel Kubas. Dazu gehören: Boniato (Süßkartoffeln), Yuca (Maniok) und Malanga (Yams). Diese drei Knollenfrüchte stammen sämtlich aus Südamerika. Nur eine Frucht fehlt in dieser Reihe, sie kommt ebenfalls aus Südamerika, wurde jedoch im Unterschied zu den ersten drei für Europa maßgeblich, die Kartoffel. Auch in Kuba ist sie beliebt, aber knapp. Zwei weitere Früchte, die nicht ihren Ursprung in Kuba hatten, sind heute ebenfalls wesentlich für die tägliche Ernährung der Kubaner: Der Reis, den chinesische Vertragsarbeiter erst um 1850 in Kuba bekannt gemacht hatten sowie getrocknete schwarze und rote Bohnen. In einigen Gegenden werden jedoch Gerichte aus Kochbananen dem Reis vorgezogen. Die Viandas werden fast ausschließlich auf kleinen Bauernmärkten von privaten Produzenten angeboten, während die Kartoffel nur staatlich angebaut werden darf.

Von oben nach unten: Kochbananen, Süßkartoffeln, Yuca, Malanga

VIÑALES

Kubas Traumlandschaft

Das Tal von Viñales gehört zu den eindrucksvollsten kubanischen Landschaften, nicht nur für Touristen, sondern auch für Kubaner. Das kubanische Tourismusministerium preist es als die Traumlandschaft Kubas an, was nicht ganz falsch ist.

Von Havanna aus führt über 150 km eine Autobahn in den Westen Kubas nach Pinar del Río. Kurz vor dieser Provinzhauptstadt zweigt rechts eine kleine Straße ab. Sie führt in Serpentinen einen einfachen Berg hinauf und wenn sie dessen Kuppe erreicht hat, öffnet sich ein wahrlich traumhafter Blick auf ein Tal mit imposanten Kalksteinbergen (Mogotes) im Hintergrund. Aus der Ferne wirken die Hügel wie im Himmel geformt und vom Schöpfer allein für dieses Tal herabgelassen, um den Menschen ein Wohlgefallen zu ermöglichen. Sollte doch einmal, obzwar selten, ein steiler Abhang zwei dieser

wunderlichen Hügel voneinander trennen, dann ist er abgerundet, sodass er harmonisch in den folgenden Hügel übergeht und keine störenden felsig nackten Zacken die Ebenmäßigkeit unterbrechen, als ob der Schöpfer mit der Natur gespielt und dabei zufällig etwas geformt hätte, woran er sich selber jeden Tag erfreuen konnte, ohne dass seine Augen ermüdeten. Und um sich quasi selber zu übertreffen, hat er nicht einzelne dieser Hügel herabgelassen, sondern er hat sie in einem weiten Halbrund angeordnet, an dem die Augen ohne Unterlass wandern können. Stünde jedoch ein Betrachter nicht in der Ferne, sondern direkt vor diesen Hügeln, wären sie unzweifelhaft Berge, nicht so riesenhaft aufragende wie in einem ausgedehnten Gebirge, aber gerade ihr Anschein als nicht himmelwärts strebende Erhebungen, sondern als fast schon unnatürlich kunstvolle Formungen verzaubert den Betrachter.

150

WIFREDO LAM

Maler mit Weltgeltung

Kuba hat einen Maler von Weltruhm hervorgebracht, ungewöhnlich für eine karibische Insel, der leider in Deutschland nur Insidern bekannt ist.

Wenn Gemälde eines Künstlers im Museum of Modern Art in New York hängen, und sei es auch nur ein einziges, dann ist dieser Künstler weltberühmt. Wifredo Lam ist der Sohn einer Mulattin und eines Chinesen. Er hatte ein ähnliches Künstlerschicksal wie sein Schriftstellerkollege Alejo Carpentier (# 3), denn die meiste Zeit seines Lebens lebte er nicht in Kuba, sondern in Paris, und wie jener mit Worten bannte Lam karibische und afrokubanische Mystik mit Farben auf die Leinwand. Im Paris der 20er- und 30er-Jahre freundete er sich sowohl mit einflussreichen Malern der surrealistischen Stilrichtung an als auch mit Picasso. Seine Werke sind erkennbar davon beeinflusst. In der Eingangshalle des MoMA hängt sein Hauptwerk »Der Dschungel«. Steht man vor diesem Gemälde und lässt es auf sich wirken, empfindet man sinnlich einen Dschungel. In Havanna hängt im Museo Nacional de Bellas Artes de Cuba ein zweites herausragendes Gemälde von ihm: »Der Stuhl«. Inmitten von Baumstämmen und von Blättern scheint der Stuhl in dieses dunkle Grün hineinzuwachsen oder dieses in den Stuhl. »Der Stuhl« ist das bemerkenswerteste Gemälde in dem eher mit trivialen Werken ausgestatteten »Museo Nacional de Bellas Artes«. Lam war ein Einzelgänger mit nur schwachem Einfluss auf das Kuba vor der Revolution und so gut wie keinem danach. Er prägte keine Stilrichtung und trotzdem schuf er Werke, die zur Weltkultur gehören.

ZONA CERO

Wo Fidel wohnte

In Havannas Stadtteil La Coronela hatten sich vor der Revolution vermögende Kubaner auf ausgedehnten Grundstücken verschwiegene Landhäuser gebaut. In diese zogen später die Führer der Revolutionäre ein.

Der Legende nach konnte der amerikanische Geheimdienst viele Jahre lang nicht herausfinden, wo genau in Havanna Fidel Castro wohnte. In gewisser Hinsicht wird dies auch zutreffen, denn er wechselte seinen Schlafbereich. Allerdings wird ein jahrzehntelang hermetisch abgesperrtes Gebiet in Havanna inoffiziell die frühere Null-Zone genannt. Sie liegt im Stadtteil Coronela des Stadtbezirkes La Lisa und das Wohngebiet der obersten Revolutionsführer darin wird in etwa von den Straßen 32 und 222 begrenzt. Auch als damals die CIA nach diesem Ge-

biet suchte, war es gut auszumachen. Beispielsweise waren die Zufahrtsstraßen stets bestens asphaltiert. Heute kann man mit dem Wagen problemlos daran vorbeifahren, nur fotografieren sollte man nicht. Es ist bereits von Weitem an den ausgedehnten Gewächshäusern zu erkennen, die allerdings nicht aus Glas sind, sondern mit Plastik und weißer Gaze abgedeckt werden. In ihnen wird das Gemüse für die Obersten der Oberen angebaut. Es ist bis heute nicht genau bekannt, wer von der Parteiführung und der Regierung in diesem Gebiet wohnt. Nach wie vor sollen dichte grüne Hecken, Zäune und Metalltürme vor unerwünschten Blicken abschirmen. Der neue kubanische Präsident, Diaz Canel, wohnt jedenfalls nicht dort. Später einmal könnte dieses Gebiet zu den touristischen Sehenswürdigkeiten Havannas gehören.

DANKSAGUNG

Meiner Frau, Jitsy Santana Gómez, gebührt der größte Dank. Ohne sie wäre ich nicht in Kuba, und ohne sie hätte ich Kuba nicht »verstanden«. Als Fotografin der 151 Fotos ist sie Mitautorin. Mein engster Mitarbeiter in Kuba ist Raúl Hernández Lafuente. Ich danke ihm für seine umfangreichen Recherchearbeiten und vielfältigen Anregungen.

Seit vielen Jahren begleitet mich literarisch der frühere Literaturchef des Hessischen Rundfunks, Dr. Dr. h.c. Karl Corino. Unermüdlich hat er meinen Stil befördert. Martin Brinkmann, Inhaber der gleichnamigen Literaturagentur, hat für dieses Buch Geduld bewiesen, als ich sie fast schon verloren hatte.

Packender Bericht über eine Wanderung durch die Mongolei

Zu Fuß und ganz auf sich allein gestellt durchqueren die 22-jährige Franziska und ihr Freund Felix den Westen der Mongolei. Ihr Weg führt sie mitten ins Nirgendwo, wo es weder feste Pfade noch Wegweiser gibt und wo sie tagelang keiner Menschenseele begegnen. Mit dabei: ein Zelt, Astronautennahrung und ein paar uralte russische Militärlandkarten.

Franziska und Felix quälen sich Berge hoch und fallen Böschungen runter, sie stecken in reißenden Gletscherflüssen fest und werden von einer donnernden Herde Yaks umzingelt. In der Einsamkeit haben sie aber auch seltene, magische Begegnungen. Und sie lernen viel über sich als Paar, das durch die extreme Erfahrung über sich hinauswächst.

Franziska Bär
Ins Nirgendwo, bitte!
Zu Fuß durch die mongolische Wildnis

ISBN 978-3-95889-179-1
ISBN 978-3-95889-208-8

CON BOOK.
www.conbook-verlag.de

Bildstarke Einblicke in die spannendsten Länder

Jede Ausgabe mit **über 151** **Fotos**

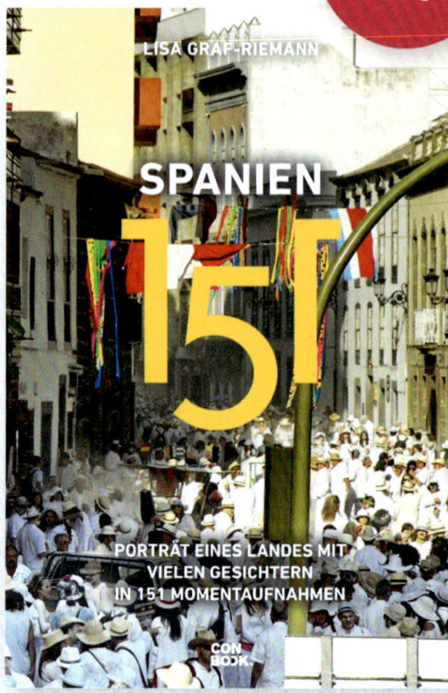

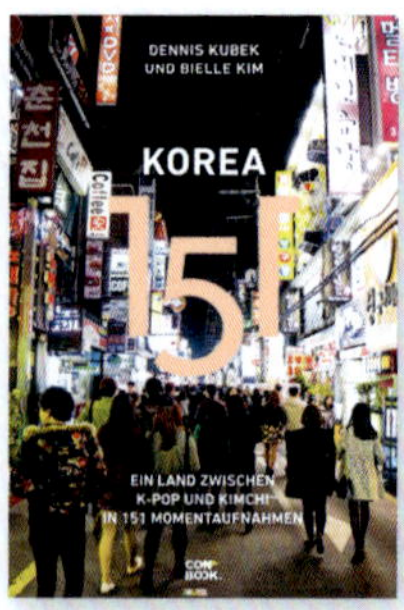

Begleiten Sie Lisa Graf-Riemann auf ihrer Reise durch ein Land, in dem fünf Amtssprachen gesprochen werden. Zu Menschen, die für Lotterielose mit ihren persönlichen Glückszahlen stundenlang Schlange stehen, die eher den Arzt duzen als den Taxifahrer, die vegetarische Brötchen mit Thunfisch anreichern und für die ihre Familie immer noch das Allerwichtigste ist.

Lisa Graf-Riemann
Spanien 151
Porträt eines Landes mit vielen Gesichtern
in 151 Momentaufnahmen

ISBN 978-3-95889-311-5

CON BOOK.
www.conbook-verlag.de